数学课堂教学的研究与探索

张淑云　谢福信　李　丽　著

中国民族文化出版社

北　京

图书在版编目（ＣＩＰ）数据

数学课堂教学的研究与探索 / 张淑云，谢福信，李丽著 . –– 北京：中国民族文化出版社有限公司，2024.5（2025.6 重印）

ISBN 978-7-5122-1871-0

Ⅰ.①数… Ⅱ.①张… ②谢… ③李… Ⅲ.①数学课－课堂教学－教学研究－中小学 Ⅳ.① G633.602

中国国家版本馆 CIP 数据核字 (2024) 第 083395 号

数学课堂教学的研究与探索

SHUXUE KETANG JIAOXUE DE YANJIU YU TANSUO

作　　者：张淑云　谢福信　李　丽

责任编辑：张　宇

装帧设计：刘梦杳

责任校对：杨　仙

出　　版：中国民族文化出版社

地　　址：北京市东城区和平里北街 14 号（100013）

发　　行：010-64211754　84250639

印　　刷：三河市同力彩印有限公司

开　　本：787mm×1092mm　1/16

印　　张：8

字　　数：140 千字

版　　次：2024 年 5 月第 1 版

印　　次：2025 年 6 月第 2 次印刷

标准书号：ISBN 978-7-5122-1871-0

定　　价：48.00 元

前　言

　　数学课堂教学在提高学生的数学思维能力和学习能力方面起着非常重要的作用。因此，在数学教学的过程中，课堂教学目标、教学模式、教学方法的创新至关重要，这不仅可以很好地提升学生的学习数学思维能力，也符合当前学生学习的特点，为日后的教育奠定了基础。创新是一个民族进步的灵魂，是一个国家兴旺发达的不竭动力。而课堂教学是培养学生创新精神的主渠道。在实际课堂教学中，教师要为学生创设一个平等、生动、活泼的教学氛围，引导学生学会自主探索问题，最大限度地挖掘学生的创新潜能，培养学生的创新素质。

　　目前正在大力提倡素质教育，培养全面发展的人才，其重点在于培养学生的创新意识。我们要教给学生新的传统的思维方法，这样才能适应社会发展。然而，要教新的东西，我们就不能停留在传统的思维上面。以前的教学观念、教学方式已不适应现代的需要，我们应该进行彻底更新。学生学习的主渠道是课堂，要创新我们就要抓好这一主渠道，在课堂上标新立异，激发学生的潜在能力，给予正确引导，培养学生的创造能力。在数学教学中，教师要运用创新观念开展教学，从学生的实际出发精心备课，利用创新的教学形式和丰富的教学内容吸引学生，让他们在学习活动中发挥思维的创造性，深入分析数学知识，在教师引导下获得深刻理解并提高自主学习能力。在创新教学中，教师要根据教学反馈对教学进行优化，使学生在课堂学习中能够更好地发挥自主性，在积极思考中发展数学思维，打造高效的创新数学教学。

　　本书以数学课堂教学为主线，对数学课堂教学的基本理论进行了论述，对数学教学的基本任务、教学意义、教学组织及教学方法等进行了系统的论述，进一步探究了数学课堂教学的基本策略，对数学课堂教学的创新策略进行了多维度的探究与分析，基于新时代背景对数学课堂教学的策略与模式进行了新探索，并进一步对数学课堂教学评价进行了系统深入的探讨与研究。希望本书能够为读者提供数学课堂教学实践多视角研究方面的帮助。

目 录

第一章 数学课堂教学理论基础

第一节 数学教育的基本任务

数学教育的最终目标就是发展人，使其在快速变迁的社会中获得高质量生存所需要的基本素养、能力和情感。

一、以培养数学素养为基本追求

数学教育的价值追求有一个演变与发展的过程。

(一) 数学教育价值取向的变革

如果我们简单地追溯一下数学教育价值取向的变革轨迹，就可以看到数学教育在其课程目标上是如何由成人化而逐渐回归学生本位的。

1. 算法化——以功利为价值取向

我国的《九章算术》是一本世界数学史上具有划时代意义的数学问题集，成书于公元1世纪左右，它将当时社会生活的几乎各个方面的问题都化归为数学问题。它通常是先人为地构造一个所谓的实例，然后通过解决这个实例而归纳出一套算法。其特点就是将数学看作一种"术"，而解题功利就是其主要的价值取向。这种以功利为主要价值取向的数学教育，长期影响着我国的教育发展。在这样的数学教育中，思维的基本特点就是"归纳"，学习的基本特点就是"背记"，教育评价的基本特点就是"解题"。

2. 公理化——以培养数学家为价值取向

《几何原本》是世界数学发展史上的又一个里程碑。它向人们呈现的是一个完整和庞大的数学体系。它的问世，开始逐渐影响一种数学教育价值取向的形成——以培养数学家为基本追求。其主要特点是：首先，注重的是数学的"逻辑性"，强调的是"唯一性"。学生都被要求按照数学科学本身的严密逻辑体系来接受知识，并在解法和结果中被反复强化其唯一性。学生在课堂中的学习就像数学家那样，有严密的逻辑，要严格的证明，会抽象的推理。其次，数学教育强调的是数学知识的"系统性"。经过人类几千年的探索和创造，数学科学已形成自己的理论框架与一整套的基本概念、基本原理和基本方法。因此，数学课程就是将它们通过专家和学者的精选和组织，然后再完整地、系统地呈现给学生。最后，数学课程明显地凸现"排他性"，即强调数学学科是一个独立的系统，呈现给学生的是那些所谓的"纯数学"的体系，并要求学生在整个体系上不断地纵向加深。

3. 大众化——以数学素养为价值取向

第二次世界大战之后，随着包括计算技术在内的现代科学技术的迅速发展，数学的应用领域得到了极大的拓展。就像今天识字、阅读一样，数学成为公民必需的文化素养。1989 年英国国家数学课程标准认为，数学对于大众具有重要意义，人们是利用数学来交流信息和思想的，是由数学来完成一系列的实际任务及解决现实生活中的问题的，同时数学也是探索新世界的工具。于是，促进学生的终身可持续发展就成为学校数学教育的基本出发点。而要获得这种终身可持续发展，就必须具有一定的数学素养。显然，我们的数学教育并不追求将所有的学生都培养成伟大的数学家，而是培养他们最基本的数学素养。

(二) 数学素养的基本内涵

20 世纪 80 年代，著名的科克罗夫特报告就提出了"数学素养"这个词。报告认为，数学素养主要包含两个内涵：第一，是指个人在日常生活中具有运用数学技能的能力，能够满足个人每天生活中的实际数学需要；第二，是指能正确理解含有数学术语的信息，如阅读图表和表格等，这表示一个有数学素养的人应该能正确理解一些数学的沟通方式。显然，这种观点明显超出了我们通常所理解的数学运算的学习，也超出了我们所理解的以掌握数学概念和解题方法的学习，更超出了我们通常所理解的解题技能的学习。当前，关于数学素养的描述有许多，但其实质还是基本相同的。借鉴美国的 NCTM(全国数学教师协会)标准(1989 年的"学校数学大纲及其评价标准")，数学素养大致可以表述为以下几点。

1. 懂得数学的价值

能初步懂得数学的价值以及在文化中的地位和社会生活中的作用，了解用数学思想来思考并用数学方法来处理日常生活中发生的事件与现象的优越性，提高对日常事物和现象用数学的知识与经验、思想与方法等进行观察、推测、尝试、计划并合情合理地思考的意识和兴趣。

2. 对自己的数学能力有自信心

在学习中对自己的数学能力有信心，并有可能常常在数学的学习中获得一些积极良好的情感体验，从而提高参与社会生活以及在社会生活的探究、发现和改造等活动中主动进行决策的兴趣和态度。

3. 有解决现实数学问题的能力

能初步掌握对日常生活中存在的各种信息的采集、整理、辨析及处理与运用的基础能力，并能用数学的方法对它们进行初步的考查、区分、组织和模型建构，从而获得最基础性的解决数学课题的能力。

4. 学会数学交流

会读数学、写数学和讨论数学，包括学会简单的数学交流，能用数学语言来解释、阐述或证明自己的研究与解决问题的猜测、计划、过程和结果等。

5. 学会数学的思想方法[①]

学会初步的和简单的一些数学思想和数学方法，包括对应思想、变量思想、统计思想等以及化归、假设、模型等方法。

(三) 数学素养的基本特征

1. 发展性

实际上，数学素养是随着社会的进步而变化和发展的。例如，在一百多年前，掌握运算技能可能就是一个重要的数学素养，但随着现在计算机技术的发展，这种运算技能的重要性随着对运算的需求降低而逐渐发生了显著的变化。今天，作为一个有数学素养的人，面对一个现象或问题，他可能先要判断是否需要进行计算，如是，则可能就要思考是否需要精确计算，然后再考虑用什么方法进行计算。其间可能还要思考是否需要增加有用的信息，可能还要考虑如何辨析这些信息，等等。

---

① 李中杰. 数学教学实践多视角研究 [M]. 长春：吉林人民出版社，2022:102.

2. 过程性

首先，数学素养所内含的目标不是一个终极的目标，而是一种指向发展方向的过程性目标，是数学教育所追求的价值目标。因此，数学教育关注的是学生的这种数学素养的渐进的发展过程。其次，数学素养的发展是伴随在数学学习和其他学科学习的过程之中的，它不是靠我们通常所理解的所谓的"单项训练"就能实现的。

3. 实践性

数学素养具有明显的现实性和实践性特征，它与我们日常的社会生活是紧密联系的。因为学生的数学素养是借助于现实数学的学习和自己的主体性实践而获得发展的。数学学习就是要让学生感觉到，没有一定的数学素养，他们可能就会在一些日常的社会生活中难以行动。同时，数学学习也应让学生感觉到，数学素养就存在于自己的日常社会生活之中，数学学习应使学生在数学探究和问题解决中发展数学素养。

二、以发展数学思维能力为基本的目标

数学是研究现实世界中的数量关系和空间形式的科学，因此数学学习的过程首先就是思维的过程。学生对现实世界的观察，并对观察对象进行分类与比较，对事物属性进行归纳与抽象，对性质和规律的运用等，都是思维的过程。人是通过深入的思考而获得对数学的理解，并发展自己的数学素养的。人的数感、数学观念、数学思想、数学运用能力等都是在数学思维的过程中得以形成与发展的。可见，学习数学，不仅因为数学是个体在社会生活中有用的工具，更重要的是数学还可以促进人的思考。一般认为，数学能发展人分类比较的能力、综合分析的能力、演绎推理的能力、抽象概括的能力及逻辑证明的能力，发展学生初步的灵活、敏捷以及创造性等思维品质。当然，学生尚处在以具体的形象思维为主，并逐步向抽象的逻辑思维过渡的年龄阶段，低年级学生更多的是具体的形象思维，到了中高年级，抽象逻辑思维的成分逐渐加大，但一般还不能完全依靠抽象的数学概念进行思考，往往还需要具体的形象思维的支持，因此要发展学生初步的逻辑思维能力，还必须遵循学生的认知规律。

（一）观察与比较

所谓观察，就是指人们对周围客观世界的各个事物和现象，在其自然的条件下，按照客观事物本身存在的自然联系的实际情况，加以有目的的感知，从而来确定或研究它们的性质或关系的一种思维活动。

观察具有两个特征：第一，观察的双重性。即观察不仅仅是指利用各种感觉器官对客观事物进行看、触、听、嗅、尝等感知活动，还包括对客观事物的领会和理解等活动。例如，学生在学习长方形面积的计算时，可能先观察由若干单位面积的小正方形组成的长方形，然后用数数的方式得到该长方形的面积。这时就会引起他们的思考，长方形的面积都要通过"数"吗？它们与长方形的什么量有关系呢？接着就会去进一步地观察，在这个长方形中每一排有几个这样的小正方形，共有几排？于是，又引起他们深入思考，这样的每排几个和有这样的几排，与长方形的面积是什么关系呢？显然，在整个观察活动中，感知和思维是同步进行、互为条件的，感知为思维提供了依据，思维又为进一步感知提供了新的目标。可见，观察的根本目的就是发现问题和找到事物的本质规律，因此学会思考性的观察很重要。

第二，观察的客观性。格式塔曾有过一个的实验，发现当人们在感知诸如由多个元素组成的整体图形时，总会在知觉中自觉地将它们看作一个三角形、正方形和圆，即人的知觉有一种趋向稳定性、完整性和对称性的倾向，这就是观察的主观性。要保证观察的客观性，就需要把握观察的精确性。从学生的思维发展的特征看，他们的观察能力的发展有着一个较为明显的阶梯性，即对象的概括化的能力—知觉的形式化能力—空间结构的知觉能力—逻辑模式的识别能力。

所谓比较，实际上它是借以认出对象和现象的一种逻辑方法。在数学学习中，利用比较可以形成新的概念。例如，通过比较自然数的约数的性质，可以认识质数与合数。利用比较也可以区别相近或相似的概念，通过比较，可以区分除尽与整除的关系，或者区别竖直与垂直的不同。利用比较，还可以形成"比较"自身的概念，如通过一一对应的方式，可以形成"多和少"或"长和短"等比较的概念。对学生来说，发展他们的比较能力，要注意其阶段性。首先，引导学生从比较事物的不同因素，发展到比较事物的相同因素。这是因为低年级学生注意力的特点是，背景与对象的差异越大，就越容易引起他们的注意。从感知的特征看，求异相对求同而言比较容易。因此，在学习的组织过程中，应尽可能地拉开背景与对象的差异，引导学生从最外显的差异性入手比较。其次，引导学生从比较事物的差异性较大的属性，发展到比较事物差异性较小的属性。这是因为低年级的学生观察比较粗糙和不精细，往往刺激越大就越容易引起他们的注意。当然，要引导学生注意，有时所谓外显的"大差异"并不一定是本质差异。例如，在"竖直"和"垂直"中，是否"竖的"并不是其本质属性，而"是不是反映两条线段相交成一个直角"才是"竖直"与"垂直"的本质区别。最后，要遵循从感知比较发展到表象比较，再发展到概念比较这样的规律。这是因为，感觉直接作用于大脑，容易产生第一反应；表象是一种整体知觉，要有一定的综合与分析能力支撑；而概念比较则是一种本质属性的比较，要有一定的抽象思维能力支撑。发展学生的比较能力的途径有许多。例如，利用数量关系进行比较，即抓住事物间相同数量关系的本质属性进行比较，从而使知识产生类化或同化；利用易混概念做精细的比较，即从形似或意似的表象以及概念入手，从而使知识产生分化；利用揭示本质属性进行比较，这种是较高层次的比较，它是在感知事物个别属性的基础上，利用综合分析形成感觉表象，再利用抽象概括，比较事物本质属性，从而形成正确的概念；利用一些反思性活动进行比较，如可以利用学生的一些常见错误让他们去反思，从而懂得什么是比较和如何进行比较等。

(二) 分析与综合

分析与综合是人类认识事物本质的一个必不可少的基本思维过程。所谓分析，简单地说，就是指在头脑中将对象和现象分解成个别部分，从而找出它的属性、特征等单独来考察的思维活动。而所谓综合，就是指将分析了的各个部分结合起来，从整体来考察对象或现象的思维活动。分析始于感知，但它属于一种片面的感知，不能获得整体的认识。综合则是将片面的感知进行整合，形成整体知觉。

一般来说，分析和综合是伴随在同一认识活动的过程之中的。学生的分析、综合能力发展，有一个从低级阶段到高级阶段的发展过程。所谓低级阶段，指分析和综合是与感知觉直接挂钩的；而所谓高级阶段，则是指分析和综合不再与感知觉直接挂钩。

在数学学习中，可以利用多种途径对学生进行分析与综合能力的培养，如可以通过解决某些问题来发展学生的分析与综合能力，因为在问题解决学习过程中，有一个理解问题的活动，而理解问题的活动就是在头脑中构造问题表征的活动。

研究表明，许多问题解决的障碍可能并不在于问题解决的策略不当或者过程有误，而往往在于对问题性质的认识和表征上有误。表征构造的过程就是一个不断地分析与综合的过程，只有这样，才能从问题的起始状态出发，通过图式的检索逐步逼近问题的目标状态。另外，还可以利用某些计算(规则)练习来发展学生的分析与综合能力。仅从计算的审题过程看，学生往往除了表现出对题目的审题不重视外，还表现出审题的无顺序、粗糙和随意性强等特点，从而影响了解题的正确性或速度。

(三) 抽象与概括

抽象与概括也是人类认识事物本质的一个必不可少的基本思维过程。所谓抽象，简单地说，就是指发现事物的本质属性，放弃非本质属性的思维过程。所谓概括，简单地说，就是指从个别单独的属性，推广到同类事物的属性中的思维过程。数学学习的过程就是培养学生抽象与概括能力的过程，但是由于学生尚处于以具体形象思维为主并逐步向抽象逻辑思维过渡的年龄阶段，因此其内部的思维活动就常需要有一定的外部支撑点——充分地感知。对学生的抽象与概括能力的培养，应注意要有一定的阶段性。

(四) 判断与推理

判断与推理也是最基本和主要的思维过程。所谓判断，就是一个由理解(概念)到结论(概念)的思维过程，也是反映事物和现象某些本质属性的思维过程，在数学中，命题常常是判断的一个重要形式，它是数学问题解决的重要的思维工具。直觉作用大、判断受经验的干扰以及概念不清是学生在判断过程中常表现出来的一些特点。例如："哥哥有10本书，弟弟有6本书，哥哥给弟弟几本书，两人的书就同样多了？"学生凭借直觉就会认为，将哥哥比弟弟多的部分给弟弟后，两人就同样多了。因此，首先可以通过加强概念教学来发展学生的判断能力。因为判断是由概念组成的，而且概念的形成与概括本身就是一个判断的过程。其次可以通过反思自己的学习过程来发展简单的判断能力。总的来说，培养学生在数学的表述与交流中能言而有据以及以准确的概念来反思自己的学习是发展推理与判断能力最有效的途径。而所谓的推理，就是从一种判断做出另一种判断的思维过程。它通常可以分为归纳推理、演绎推理和类比推理三种不同的形式。

在数学的学习中，往往较多的是采用"不完全归纳"的推理，即从直观出发，让学生利用观察、操作、比较，获得感知体验，从而在分析、抽象的基础上获得认知。对年龄稍低的学生来说，他们对抽象的假设或数学命题逻辑转换的思维能力尚未真正形成，往往较难认识到一个判断与另一个判断之间的逻辑关系，因此通常可以从最简单的因果关系入手，以"因为……所以……"这种直接演绎的方式来表述自己的观点或想法。类比推理是在数学学习中经常用到的一种思维过程，它往往能有效地促进知识的迁移。运用类比，还能进一步加强新、旧知识间的联系，引导学生从知识点形成知识链，并进一步形成知识面，完成知识的系统化。例如，整数四则运算与小数四则运算的类比，不仅能帮助学生有效地掌握运算法则，而且能将小数的记数、命数纳入整数的命数体系之中，形成完整的"十进制"命数规则。

第二节　数学课堂教学的意义

数学作为一门基础学科，在教育中具有重要地位。数学课堂教学是学生学习数学的主要途径，其意义不仅在于传授数学知识和技能，还在于培养学生的逻辑思维能力、提高解决问题的能力和培养数学素养。

一、传授数学知识和技能

数学课堂教学的首要任务是传授数学知识和技能。通过教师的讲解、示范和学生的练习，学生可以掌握数学的基本概念、法则、公式和解题方法，为进一步学习数学和其他学科打下坚实的基础。

二、培养逻辑思维能力

数学是一门逻辑性很强的学科，数学课堂教学可以培养学生的逻辑思维能力。在数学学习中，学生需要通过推理、证明等方式来理解和运用数学知识，这有助于提高学生的逻辑思维能力。

三、提高解决问题的能力

数学课堂教学可以提高学生解决问题的能力。数学问题往往需要学生通过分析、归纳、推理等方式来解决，这有助于培养学生的问题解决能力和创新精神。

四、培养数学素养

数学素养是指学生在数学学习中所形成的综合素质，包括数学知识、数学思维、数学方法等方面。数学课堂教学可以培养学生的数学素养，使学生能够更好地理解和运用数学知识，提高学生的综合素质。

综上所述，数学课堂教学作为学生学习数学的主要途径，具有重要的意义。它不仅可以传授学生数学知识和技能，还可以培养学生的逻辑思维能力、提高解决问题的能力和培养学生的数学素养。因此，我们应该重视数学课堂教学，不断改进教学方法，提高教学质量，为学生的发展打下坚实的基础。

第三节　数学课堂的教学组织与方法

所谓方法，通常就是"指向特定目标、受特定内容制约的有结构的规则体系"。可见，方法是受价值观和内容制约的，它是人为了实现其特定的目标而制定的特定的操作系统和步骤，而且这种操作系统和步骤是有其自身结构的。

一、教学组织的基本类型

数学的教学组织是丰富多样的，它源于不同教师的不同教学实践。但是，如果从课堂学习中教师、学生、教材和环境相互作用的基本模式看，教学组织主要有三种不同的基本类型。

(一) 接受型的教学组织

接受型的教学组织的特点往往就是教师通过在课堂学习中的各种提示性活动，如讲解、提问、示范、演示等方法，来帮助学生接受并内化既定的数学知识，形成既定的数学技能。接受型的教学组织有这么几个特点：首先，它能在较短的时间内使学生学到尽可能多的数学知识，形成数学技能。其次，它能帮助学生实现数学知识的系统化。因为教师的讲解、示范等导向性的提示活动，是在自己有计划、有系统的设计之下完成的。最后，它能充分体现教师的主导作用，能有效地帮助学生理解和内化数学知识的本质，有效地帮助学生更快地形成必要的数学技能。当然，接受型教学组织也有其自身的弱点。首先，在实施中容易滑落到"机械学习"的陷阱之中，因此在运用接受型教学组织的过程中，应当时常注意到理解和理解下的认知建构是学习的主要任务，积极思维是学生的主要活动；其次，它在发展学生的实践能力和创新能力方面是较为欠缺的，因为教师的提示非常容易成为学生思考和问题解决的导向，一旦这种导向被明确化后，就会使学生的思考陷入复制和机械化；最后，这种类型的教学组织往往呈现出人际互动和经验分享方面的不足。接受型的教学组织主要包含这样一些具体的行为。

1. 讲解（explain）

讲解也可以称为口述，主要是通过教师的口述和讲解，将知识的本质特征、概念之间的关系、性质等清晰地告诉学生，使学生记住并内化为自己的认知结构。

2. 示范（example）

示范主要是通过教师的各种示范性的活动，来帮助学生开展有效的学习活动。例如，在规则学习时，教师往往会先示范一个完整的解题过程，学生就可以通过教师的这个示范逐步掌握运算方法。

3. 呈现（display）

呈现主要是教师通过呈现一些实物、挂图或模型等方法，帮助学生通过观察、比较等手段来获得对对象的认识和把握。例如，在一些几何概念的学习中，教师往往会先向学生呈现一些模型或实物，让学生观察这些几何体的组成和结构，从而归纳出这些几何体的本质特征。

4. 演示（exhibition）

演示主要指教师通过动态的方法将对象的发生过程演示出来，以便让学生通过观察和思考来概括出对象的本质特征。例如，在学习"角"的知识时，教师往往会先将两根一样长的小棒重叠在一起，然后固定其中一个端点，开始旋转一根小棒，并让学生观察教师的旋转过程，思考：你这时发现了一个什么图形？这个图形有些什么样的特点？同时，通过对旋转过程的观察，学生有可能体验到这样的认识，即角的大小与射线（边）的长短无关，而是与射线（边）的旋转长度有关。

（二）问题解决型的教学组织

所谓问题解决型教学组织，也称"共同解决问题型"教学组织，通常是指以问题为导向，以问题解决为目标，以教师与学生共同的对话与讨论、实验与尝试等为手段，促进学生主动学习的一种教学组织。这种组织类型的特点主要在于：首先，能发展学生发现问题、探究知识、主动建构的能力。因为学生要对特定的问题情境进行观察、思考和分析，才有可能提出问题，并以这个问题为导向开展探究性的活动，同时在问题解决的过程中去获得数学认知、形成数学技能、发展数学素养。其次，这种类型的教学组织有利于培养学生团队合作和交流分享的能力。因为这种类型的教学组织特别注重师生的对话，特别注重师生间的质疑问题，特别注重师生间合作性的探索。最后，这种类型的教学组织在学习过程中的开放性和生成性特征较为明显。因为每一个人的探索与发现的过程是不一样的，每个人的问题解决策略是不一样的，每一个人在学习过程中的体验也是不一样的。

当然，这种类型的教学组织也有其自身的缺陷，主要表现在：首先，它比较费时，无论是对话式的交流，还是探究式的操作，抑或讨论式的分享，在获得数学问题的解决、形成数学认知等方面都会有许多的反复，有许多的偶然性。其次，这种类型的教学组织对于掌握系统性的数学知识来说，其功能要稍弱些。最后，这种类型的教学组织掌握得不好，还往往容易落到无谓的对话、形式性的讨论和无效的操作等活动中去，降低学习的质量。因此，在运用这种类型的教学组织时，至少要注意这样几个问题。

1. 对话

在对话中要注意，首先，师生的对话是以学生能自由思考和自由表达为特征的，不能将教师的理解强加给学生，教师的任务是引导，而不是将学生的表述硬纳入所谓规范的轨道；其次，教师的引导要留有思考的余地，要能启发学生的思考，促进学生的开放性和创造性的思维；最后，切忌在课堂学习中形成"——对话"的局面，即教师提出一个问题，请某个学生回答，然后教师纠正这个学生的回答，该学生再复述教师的回答，其他学生就变成了无须思考的旁观者。

2. 讨论

在组织讨论中要注意，首先，要给学生明确的但又有一定思考空间的讨论主题。其次，在学生的小组讨论中，为了保证讨论的有效性和全员参与，要求学生在小组汇报时必须回答三个方面的问题：第一，我们小组主要讨论了什么问题，在哪些方面有了不同的意见？第二，我（汇报的学生）或我们小组最终的意见是什么？第三，小组中哪个（些）同学的意见或想法对我有了什么样的帮助？

3. 操作

在学生的尝试性操作实验中要注意，首先，要让学生知道操作的目的，明确操作的对象；其次，要培养学生在尝试性实验操作的过程中及时观察并做好观察记录的习惯；最后，要让学生学会在小组操作性的学习中如何进行分工与合作，发展学生的团队意识和合作分享的能力。

（三）自主型的教学组织

这种类型的教学组织最大的特征就是在课堂学习的过程中，教师的控制性被大大地减弱，学生的自主学习活动在课堂学习中占了主导的地位。它通常都是由教师先提出问题，或呈现一个问题情境由学生自己提出问题，然后由学生独立地（或在一定的引导和帮助下）去尝试解决问题，从而使学生建构数学知识，形成数学技能，发展数学素养。这种类型的教学组织有这样一些特点：首先，表现在它能最大限度地发展学生的学习能力，提高学生的问题解决能力。其次，这种类型的教学组织还能更大地激发学生的学习兴趣，强化学生的学习动机，促进学生学习方式的转变。最后，这种类型的教学组织还注重不同学生之间的个性不同所造成的学习能力与学习风格的差异性。

同样地，这种类型的教学组织也有一定的局限性，主要表现在：首先，对学生来说，要有一定的经验与能力储备，所以对低年级的学生来说，就并不太适宜采用这种类型的教学组织。其次，这种类型的教学组织受学习内容的限制较为明显，不是所有的内容都完全适合采用这种教学组织的。例如，一些"构造性"或较为抽象的数学概念的学习，以及某些策略性知识的学习等。最后，这种类型的教学组织难以使学生形成系统的数学知识，而且学习也较为费时。

在运用自主型教学组织时，至少应注意这样几个问题。

1. 课题

课题，即教师要设计一个有效的问题情境，或者教师要设计好良好的学习课题，或者教师要规划好合理的主题，等等。一个好的学习课题，不仅能成为有效的知识背景，而且能有效地刺激学生求知的欲望，驱动学生主动去探索。

2. 手段

在运用自主型教学组织时，教师还是需要充分考虑到课堂学习的组织手段的。例如，准备向学生提供哪些帮助（演示、呈现抑或提问等）？将整个课堂学习分为哪几个主要的环节？每一个环节的中心任务是什么？如何分配已有的学习资源？等等。

3. 计划

在自主型教学组织的学习中，教师对学习过程的预设性和控制性相对较弱，但是教师的教学计划仍然是非常重要的。首先，要尽可能充分地估计到学生在学习中可能遇到的困难，并预想好给予学生帮助的形式和内容；其次，还要能充分预计到学生在学习中的各种需要，并预想好在什么时候提供满足这种需要以及什么时候是最佳的时机；最后，还应精心设计好学习的评价目标和方式，使评价的导向、激励和反馈的功能在自主型教学方法的课堂学习中得到最大限度的发挥。例如，对学生在陈述自己问题解决的过程和结果时，教师将要在哪些方面给予特别关注和指导？

二、常见的教学方法

经过长期的教学实践和探索，有许多具体的且行之有效的教学方法被提炼和总结了出来，构成了数学教学中的常见教学方法，具体有如下几种。

(一) 叙述式讲解法

叙述式讲解法就是指通过教师的口述和示范，向学生描绘情境、叙述事实、解释概念、论证原理或阐明规律的一种教学方法。这种教学方法的特点是教师能系统地、清晰地将数学知识教授给学生，并使学生在掌握知识的同时，也逐渐形成分析推理等能力。在这种教学方法的运用过程中，有三点是必须引起注意的。

（1）教师的讲解不等于简单地教师"讲"而学生只是被动地"听"；

（2）教师的讲解要善于"设疑"和"质疑"，这样才能充分引起学生的思考；

（3）教师的讲解不能仅仅从概念出发，应最大限度地从学生的经验出发去创设良好有效的情境，从而帮助学生探索和思考。

(二) 启发式谈话法

启发式谈话法也叫对话法，是指通过教师与学生之间的对话来引发学生的探索和思考，从而形成新的认知的一种教学方法。这种教学方法的特点是能激发学生充分地进行思考，并能让学生充分地发表自己的见解和想法，从而在使学生获得数学认知的同时，发展他们的思维能力。在这种教学方法的运用过程中，有四点是必须引起注意的。

（1）谈话法是以教师的问题引导为基点的，教师的问题应具有明确、有思考性、能激起学生探究的欲望等特征；

（2）师生的对话是以理解为核心的，因此不必强求学生表述的语言必须与学术性对话一致，只要学生的表述清晰可懂，教师就不要给予太多的干预和控制；

（3）切忌将这种对话理解为就是"——对话"，使某个对话活动发生时，只是教师与学生两个人的行为，其他人则成为事不关己的"听众"；

（4）问题的思考性决定了在教师的提问与学生的回答之间要留有一定时间和空间，缺乏思考性的对话是一种无效的学习行为。

（三）演示法

演示法就是通过教师向学生呈示（如呈示实物或模型等）或演示（如演示对象的发生或对象的运动规律等），让学生去观察，从而使学生发现对象的本质特征的一种教学方法。在这里，呈示或演示仅仅是手段，学生通过自己的观察、思考、辨析、讨论，概括出对象的本质特征是目的。在这种教学方法的运用过程中，有三点是必须引起注意的。

（1）教师的呈示或演示要有典型性，使对象的特征能明显地显现出来；

（2）教师在呈示或演示之前，要给学生明确具体的观察和思考的任务，让学生带着问题去观察；

（3）在呈示或演示的过程中，往往会伴随着对话，而这种对话不是简单的"是"与"不是"，而是具有一定思考性的。

（四）实验法

实验法实际上就是通过学生的尝试操作概括出典型本质特征的一种教学方法。就课堂学习而言，它主要包括以下几种。

1. 验证性实验

验证性实验的主要特点就是在学生已有的一定经验或已经初步构建的对对象认识的基础上，通过验证性操作，让学生进一步去体验知识的内涵，从而真正抓住对象的本质特征。

2. 探索性实验

探索性实验的主要特点就是让学生对问题情境进行探索性操作，通过自己多次的观察、实验和思考，从而发现并概括出对象的本质特征。在课堂学习中究竟采用哪一种实验，主要取决于内容特征和学生特征这两个要素。在这种教学方法的运用过程中，有两点是必须引起注意的。

(1) 无论是验证性实验还是探索性实验，都是学生自己的主体性的行为，因此对于学生操作的方法、过程和手段要留有一定的开放性，以适应不同学生学习水平、学习方式的习惯和学习策略等的差异性；

(2) 无论是验证性实验还是探索性实验，都必须引导学生将观察和思考的注意力指向操作的过程，而不要一味地指向结论。

(五) 练习法

所谓练习法，就是指学生在教师的引导下，通过独立的或小组作业，进一步理解并掌握知识，从而形成基本技能的一种教学方法。研究表明，学生对某一个数学知识，从认识到掌握，通常不能仅靠一个"例题"的"剖析"就形成清晰和稳定的认知结构，它还需要靠一定量的训练，通过训练来加深理解，通过训练来巩固知识，通过训练来形成一定的技能，通过训练来使已有的知识系统化。在这种教学方法的运用过程中，有两点是必须引起注意的。

1. 科学的练习不同于机械地重复

不能将练习法简单地理解为就是大运动量的、机械式的"题海战"，而是要讲究科学性的训练。所谓科学性，至少包含以下几个特征。

(1) 练习要有针对性。即练习要针对知识的重点和难点而有不同的设计；练习要针对学习中显露出来的、具有共同性的问题而有不同的设计；练习要针对不同程度的学生而有不同的设计。

(2) 练习要有层次性。即练习的设计要有梯度，如从模仿性练习开始，到变式练习，再到对比练习，再到综合练习，发展到跟进练习和开放练习等，引导学生由浅入深、循序渐进地加深理解、形成技能、发展数学思维。

(3) 练习要有多样性。即练习可以是笔纸作业，也可以是口头作业；可以是常规习题，也可以是非常规习题；可以是解答性作业，也可以是设计性作业或解释性作业以及制作性作业等；可以是独立作业，也可以是小组作业；可以是课堂内的活动，也可以是课堂外的活动。

2. 科学的练习应具有明确的练习目标

首先，不仅是教师，包括学生在内都要在练习之前明确练习的目的，知道需要做什么，希望达到什么样的目的。其次，要依据期望达到的不同目标，设计不同的练习内容和练习形式。例如，当目标主要追求的是个体对既定的知识与技能的形成与掌握时，可以较多地采用口答、判断、选择、计算、匹配以及应用题等形式，而当目标主要追求的是个体在完成任务的过程中的多种表现时，可以较多地采用设计、解释、游戏、调查竞赛等形式。最后，在学习的不同阶段有着不同的练习目标，因而也要有不同的练习设计。例如，在学习的开始阶段，往往较多的是准备练习，其主要目的是唤起学生原有的经验和知识，形成认知冲突或揭示新、旧知识间的联系；在知识的习得阶段，往往较多的是巩固练习，其主要目的就是加深学生对知识的理解，使其掌握并能正确运用知识；在学习后期阶段，往往较多的是综合练习，其主要目的就是使学生原有的知识与新学的知识系统化和结构化，并能形成相应的解决数学问题的能力。

第二章　数学课堂教学基本策略研究

第一节　数学课堂教学策略——师生互动

从教学过程的角度去实现师生互动，首要的任务就是要准确把握师生互动活动的切入点——学习兴趣点和探究点。把握学生学习过程中的兴趣点，兴趣是学生积极主动参与学习活动的心理倾向，是推动他们进行学习活动的内在动力。在教学中，教师要善于抓住学生学习过程中的兴趣点，让它成为师生开展有效互动所必需的动力。把握学生学习过程中的探究点，一般来说，整堂课中的探究点就是这节课的教学重点，教师的一些关键的教学设计都是围绕如何去突破探究重点进行的。为了收到理想的师生互动效果，在教师找到师生互动切入点和探究点的基础上，还需要在教学过程中，针对教学内容采取有效的师生互动途径和方法。

一、设计合理的教学方案，营造自主学习空间

在数学课堂教学的师生互动过程中，可能会产生哪种"化学反应"及产生什么样的问题是无从预料的，所以应在教学活动开展之前，结合教学情况设计教学方案，确保教学活动能够朝着预先设定的目标发展，实施开放式的教学形式，营造轻松、欢快的自主学习空间。

基于此，首先，教师应充分发挥自身教学实践经验及智慧，采取有效措施来应对课堂上可能出现的变化，同时需要灵活应变，及时有效地应对教学活动中出现的突发状况，有针对性地进行解决，只有这样才能保证课堂教学活动有效开展。其次，掌握分寸。在课堂教学活动开展中，教师需要掌握说话的分寸。由于学生自身年龄较小，认知水平较低，如果教师对其要求过高可能会造成其心灵的创伤，影响其对学习的兴趣；反之，如果对学生过于放纵，会严重影响课堂纪律，降低教学成效。所以，教师应保证说话和行为

的分寸，充分了解学生的个性化需求、学习能力及性格特点，并在此基础上有针对性地对学生进行教育活动。最后，循序渐进，提升课堂教学成效，构建师生互动型教学模式是一个长期的过程，教师应总结学习规律，为学生认知水平提升营造良好的环境，调动学生参与的积极性，激发学生的思考能力和创新能力，并掌握全新的理论知识。例如在讲授"认识角"一课时，教师可以让学生寻找教室中存在的角，或大或小，引导学生对角两边的直线长短进行分析，同角度大小是否存在关联，通过师生之间的互动交流，能够进一步提升课堂互动效果。

二、构建平等对话

要构建师生互动数学课堂教学，最主要的是要加强教师和学生之间的互动和交流，在这个过程中，师生之间的关系是平等的。所以，为了确保数学课堂教学活动的有效开展，提高互动的有效性，就需要构建平等对话，为学生营造轻松、欢快的学习环境，促进师生关系和谐融洽。只有师生之间保持平等对话，才能实现真正的交流，促使师生之间的思想充分交融，提升课堂教学成效。

三、依托于实际生活

在数学教学活动中，由于其自身有着较强的实用性，如果课堂教学内容只是停留在教材内容上，将很难有效培养学生举一反三、灵活多变的数学能力，从而对学生未来发展产生不利影响。所以，为了能够更好地激发学生课堂学习的兴趣，需要从实际生活中取材，让学生对生活从感性认知上升到理性认知。例如，在讲解"人民币兑换"一课时，教师可以模拟菜市场买菜场景，组织学生扮演卖菜的商贩和买菜的消费者，在模拟的过程中了解人民币的兑换。这样做不仅能够为学生带来新鲜感，还能够实现课堂教学目的，培养学生良好的数学素养，并将数学知识灵活应用到实际生活中。实现师生互动数学知识的学习，不是认知、熟记课本现成知识的过程，而是一个从知识的产生到形成规律的认知过程。这就要求教师和学生在实践操作互动过程中，一起去构建、体验、探究知识形成和发展的来龙去脉，从而在熟练使用数学方法的过程中加深对知识的理解，甚至获取新的知识。以概念形成过程中的师生互动为例，课堂中数学概念引入是数学概念教学的第一个环节，也是十分重要的环节。概念引入得当，就可以紧紧地围绕课题，充分地激发起学生的兴趣和学习动机，为学生顺利地掌握概念起到奠基作用。

事实上，数学概念有很大一部分是从生活实践中提炼出来的，并且新课程标准强调数学学习要从"学生已有的生活经验出发"，就是让学生学会联系实际学习，这就要求教师注意在师生互动的过程中设计贴近学生生活的情境，从现实生活中的问题出发引入数学概念。

四、推行小组合作形式

学生之间的交流有助于其思维碰撞，产生火花。同样是互动性课堂构建的一个重要内容，合理的小组合作形式不仅能够强化学生的口语交际能力，还能提升学生的自主学习能力，丰富教学内涵。因此，教师应组织学生小组合作，为其设置相应的探究性问题，促使学生在轻松的学习氛围中，合作完成探究过程。教师应以旁观者的角色来看待学生小组之间的沟通和交流，对于其中存在的问题予以适当指导，从而提升互动性课堂的教学成效。例如在"圆的周长"教学时，教师可以从圆周率和圆的特征引导学生深入思考，并且借助相应的教学道具来启发学生，最终由小组代表对讨论成果进行汇报，同时予以纠正和指导，以加强学生的知识记忆能力。

五、在重视渗透数学思想方法中实现师生互动

在教学中，教师们不仅要重视知识的形成过程，还要十分重视发掘在数学知识的发生、形成和发展过程中所蕴藏的重要思想方法，从而实现师生间的有效互动。例如在"数墙"一课中，要让学生理解上下三个数的关系，并且找对哪三个数是本堂课中解决数墙问题的关键，所以在教学开始教师就可以引入品字形的概念，向学生传达排列成品字形的三个数间有一定的数量关系，在探究中重点渗透品字形与其中数的规律，具体设计如下。

师："猪老三觉得这样的品字形围墙太矮了，他要造高一点的，仔细观察他造的墙里藏着一个小秘密。你有什么发现吗？先和你的同桌说一说。"学生讨论后交流："3+5=8；5+6=11；8+11=19。"师："这堵墙里你看到品字形了吗？上来指一指。"(闪烁品字形)生："左边有个品字形，右边有个品字形，

上面有个品字形。"师："每个品字形里的算式谁能连起来说一说？能不能用一句话说说他造墙的规律？"通过几个学生分别说一说每个品字形里的算式之后可以进行小结："每一个品字形中，上面一个数字是它底下两个数字相加的和。像这样用数字组成的有规律的墙就叫数墙。"这样更能在学生脑海中留下印象，使学生理解原来排成品字形的三个数间有一定的规律，在这一过程中联系了学生已有的数学知识，发挥出了创意和想象。

在这一环节的师生互动中，学生加深了品字形中下面两个数相加是上面一个数的认识，这样找品字形的方法可运用到后面数墙的题目中，是本节课的主要解题方法，学生只要能找到对应的品字形，就能用加法或减法算式填出墙中的个数。总之，在课堂教学过程中思考师生互动，不仅需要对师生互动的内涵有一个深入理解，还要为师生互动创设情境，寻找切入点，并探寻适当的互动途径。

六、构建良好的教学氛围

构建一个良好的教学氛围是非常有必要的。例如在数学课堂上老师经常发现有的学生精神疲惫，不能很好地集中注意力，导致学生通常跟不上教学进度。在这种情况下，如何调动学生的学习兴趣呢？例如教学"可能性"时，教师可以从口袋里掏出 10 粒糖果，说道："这里有 5 粒奶糖，5 粒巧克力糖，包装一样，请问最多挑几次才会吃到同样的糖？最少挑几次会吃到同样的糖？答对有奖哦！"这样利用糖果调动学生兴趣，可以构建良好的教学氛围。在学生积极思考的同时，教师在一旁引导，对答错的学生也给予一粒糖的奖励，通过积极的奖励游戏，可以激发学生进行思考，消除学生的疲惫感，将学生的注意力重新集中在教师身上。这种互动模式能够构造良好的教学氛围，通过加强互动，能够促进师生之间的情感交流，调动学生的学习兴趣，让学生乐于学习，并让学生了解到学习能够让自己获益。

七、合理设计问题

在加强师生互动时，问题设计得好坏严重影响着师生互动的展开质量。通过合理的问题展开，能够有效地展开下一阶段的学习，因此在实际的教学过程中，要对问题进行合理设计，能够让学生理解语言要简洁明了，能够让学生充分弄清问题含义。通过学生求和、求差等四则运算，可以让学生对数列变化规律进行摸索，促进学生的探究精神。要让学生感受到数学变化的无穷，只要弄清楚其中的规则就能够以不变应万变，能够洞悉问题的关键要害，通过不断练习达到庖丁解牛、游刃有余的境界。趣味性问题的设计，能够在引发学生学习兴趣的同时，帮助师生开展互动，教师通过引导学生，使学生对所学知识有更深的认识。这样，教师才能根据现有的教学现状进行合理规划，制订有效的教学方案。

八、加强互动总结

在实际的师生互动过程中，教师通常注重于互动展开而忘了对互动进行总结。这种虎头蛇尾教学模式很容易让学生忘记互动过程中所学的内容，因此在互动结束后，教师要根据知识体系进行合理总结，加深学生的学习认知，这样才能让学生对知识结构认识更加清晰。通过对知识结构的反复印证，能让学生对知识结构留下深刻印象。通过对学生进行测试来检验课堂互动并总结效果，我们发现经过总结的班级成绩更加集中，对知识认知更加清晰，做题效率更高。可见，加强互动总结，能够在课堂上解决学生的问题，而不是让学生将问题一直积压着，致使学生的成绩越学越差。因此，要进行合理互动总结，指出学生的不足，明确学生的长处，通过对互动环节的总结，进行前后呼应，点明教学重点内容，让学生明确教学内容的重心，便于学生展开复习探究，这样才能更好地提高学习效率。

第二节　数学课堂教学策略——课堂练习

一、数学课堂练习创新的基本思路

新课程标准的基本理念指出：数学教育要面向全体学生，人人学有价值的数学，人人都获得必需的数学，不同的人在数学上得到不同的发展。随着新课改的层层深入，这种理念已渗透到教学的各个层面，也渗透到了每节课的练习中。练习是教师掌握教学情况，进行反馈调节的重要措施。如何让数学练习散发出新课程标准的气息，是新理念下教师们应该共同思考的问题。

众多实践证明，求新、求活、求近是数学课堂练习进行创新设计时应该遵循的基本思路。

(一) 求新

提供新鲜的东西，引起学生的学习兴趣。兴趣是学习的动力，当学生对学习产生兴趣时，学生的心理活动就会处于激活状态，富有满足感和愉悦感，从而积极性高涨，思维活跃，注意力集中，"我要学"的意识增强。这时，学生的被动学习将会转变为主动求知，厌学情绪将会转变为乐学欲望。因此，从学生的学习兴趣入手，创设新型的教学情境，正是"知之者，不如好之者；好之者，不如乐之者"，这是教育思想在数学学科中的具体体现。我们要积极探索，大力倡导，在练习中也要体现一个"新"字。

（1）题型新。教材中的题型设计虽然具有一定的科学性，但就习题本身而言，练习形式比较单调。因此，在挖掘快乐因素上主要应在组织完成练习的形式和对习题处理方法上下功夫。可以根据学生好动、好胜、好表现的天性，让学生"动"，使学生在活动中学，在活动中得到快乐；让学生"比"，使学生在竞争中不断前进；让学生"炫"，使学生在考别人中进步；让学生"用"，使学生感受数学的价值。所以教师在创设题型时，要关注学生，让他们快乐学习。例如有些问题可以引入竞争机制，有些习题用讨论、争议的方法更适合学生的口味。除此之外，教师在练习中还可以根据学生的学习情况创设游戏性、娱乐性较强的数学游艺宫、脑筋急转弯、数学灯谜会、幸运大抽奖、看谁中状元等练习。在一节课里，根据教学需要，如果给学生恰到好处地创设一两处快乐学习的激发点，就能克服学生厌学的心理，使单调的数学习题趣味化和多样化，真正起到优化教学的目的。这不仅有助于加深学生理解所学的数学知识，而且有助于发展学生思维的灵活性，并激发学生思考问题的兴趣。

（2）题材新。数学是一门学科，更是一种文化。因此，数学练习设计要走出数学学科，让学生去领略其他学科的精彩。教师在设计数学练习时，应综合学生所学科目，确立以学科知识为基础，以情景主题为背景，适时地穿插其他学科知识，丰富发展数学的内涵，让学生学习数学学科以外的知识，从而领略数学的精彩。

(二) 求活

挖掘习题本身的内在力量，保持兴趣数学教学的一个重要任务是培养学生的灵活思维能力。灵活的思维能力表现为：学生能从不同角度，运用不同的方法，对题目进行分析推理，从而获得不同的结果。这种思维能力的培养，需要开放式的课堂结构，需要教师设计出灵活性较大的练习题。

(三) 求近

揭示知识的应用价值。"生活味浓"是新课程标准背景下数学练习题的一个重要特点，我们应把生活实践当作学生认识发展的活水，把数学习题与生活实践紧密连接起来，让学生在这些来自实际的鲜活的数学事例中感受到学习数学是有用的，是快乐的。例如学生熟悉的校园、公园、衣服、电话机都可以成为习题的情境；学生喜闻乐见的"手心、手背""石头、剪子、布"等游戏也可以成为习题的内容。这样的设计，既让学生的数学学习有了更好的依托，又让学生在自主选择中增强了练习的乐趣，更多地感受到学习的快乐。新课程标准下数学练习的设计应是集生活内容、思想方法和语言文字于一体，反映现代技术、现代文明和现代教育观的数学教学活动的内容。其所关注的是学生在思维能力、情感态度与价值观等方面的进步和发展。可以说，数学练习的设计也体现了一种文化。可见，精心设计练习不仅能使学生扎实有效地理解和掌握其中基础的知识，形成基本的数学技能，而且能培养学生的数学应用意识和能力，给不同层次的学生创设学好数学的机会，特别是更有利于培养学生善于探索、勇于创新的精神。

二、数学课堂练习创新设计的技巧

自启动新课程标准改革以来，数学教学方式的变化是多方面的。在课堂教学方面，由以往的教师为主导到现在的教与学统一化，教师尽量丰富课堂活动，让学生在快乐中学习，这些改革更多体现在授课方面，也就是对数学课堂练习的创新，在教师们进行探索的同时，也发现了很多对数学课堂练习进行创新的技巧。

(一) 增强数学练习设计的针对性

虽然数学教学内容相对简单，但是一些知识点对学生来说，理解起来仍然很困难。与其他学科相比，数学更注重的是学生的逻辑思维能力培养，需要一定的课堂练习巩固学生所学的知识。一方面可以巩固学生对所学知识的掌握，另一方面为学生学习新知识做好铺垫。数学教学应增强课堂练习的针对性，课堂练习应结合教学中所学知识的重点、难点进行设计，让学生通过反复练习和自我体悟，真正掌握所学知识。

(二) 分层次进行数学练习设计

由于学生对知识理解掌握的程度不同，学习成绩较好的学生对所学知识接受得比较快，学习成绩相对一般的同学掌握起来就可能比较吃力。所以，数学教学要增加练习设计的层次性，数学练习设计的难易程度应该适中，尽量适合中等水平的学生；数学练习要因材施教，增加基础性问题的设计，同时可设计一些选做的拓展题，留给学有余力的学生。

(三) 丰富练习的形式，激发学习热情

新课程理念下，教师可根据学生作业中出现的问题进行总结归纳，专门设计一堂练习课，并采用新颖的教学模式集中解决学生的共性问题，尤其是易混淆点。由于数学练习设计的对象是学生，教师在设计练习时要充分考虑学生自身的特点。大部分学生都具有爱玩、好动、好奇的特点，采用新颖的数学练习形式可以有效地吸引学生的注意力，让学生在寓教于乐中学到知识。例如，数学知识小竞赛、数学小游戏、数学谜语等。通过丰富多样的设计形式，增加练习的趣味性，加深学生对所学内容的理解，学生可以轻松地学会易混淆点的区分，从而增强学习的主动性和积极性。

(四) 练习设计应循序渐进

其实很多难题是诸多简单知识点的变式整合，学生如果掌握了对简单知识点的灵活运用，很多难题自然就迎刃而解了。数学练习的设计应循序渐进，促进学生对各阶段知识点的学习由习得到熟练，再由熟练到活用。学生只有

掌握了每个部分的内容才能做到融会贯通，活学活用；面对难题才能抽丝剥茧，迎刃而解。如果教师一开始就为学生设计比较难的练习题，那么在很大程度上会打击学生的自信心和积极性；反之，教师对数学练习设计得过于简单又会降低学生学习的兴趣。因此，数学练习设计一定要循序渐进，由易到难，深浅结合。

(五) 数学练习的设计要切合实际

由于数学的教学内容很多都是与实际生活相通的，所以教师在进行练习课的设计时，应尽可能地从实际问题出发，这样易于学生理解和掌握，并让学生自觉地参与学习中来，充分调动学生的积极性，激发学生的求知欲，培养学生的创新意识。尤其是在科技飞速发展的今天，应着力培养学生的创新和实践能力，引领他们更好地融入社会的发展之中，为社会培养实用型人才打好基础。

三、数学课堂练习创新方法

(一) 结合趣味性，设计有趣的课堂练习

教师要根据学生的特点，结合教材内容，尽量设计一些有趣味性的练习，以调动起学生学习的积极性。比如教学"认识人民币"一课时，教师讲了基本的换算之后，为了让学生熟练掌握这些知识，摆了一些小玩具、学习用具等在桌子上，并标上价钱，让学生模拟购物。通过这样的游戏，学生不仅理解了元、角、分之间的关系，体会到各种面值人民币的价值，同时还对学习产生了浓厚的兴趣。

(二) 结合动手操作，设计实践性课堂练习

教师在设计练习时要从学生自身的特点和发展的需要出发，设计的练习一方面能够帮助学生巩固知识和发展智力；另一方面还要让学生能动手动脑，对他们进行操作能力的培养，让他们把学与练很好地结合起来，对所学知识能达到熟练运用。

(三) 结合生活，设计情境课堂练习

新一轮的课程改革提出了不同于传统教育的全新教育理念，练习的功能也应与之相匹配。在课堂中组织学生进行行之有效的练习，不但能使学生准确、熟练地掌握新知识，提升数学能力，而且能够促进学生开发智力、挖掘创新潜能，提高分析、解决问题的能力，形成良好的信念、态度、价值观。数学源于生活，生活也离不开数学，所以教师在设计课堂练习时，要结合教材内容，联系生活实际，使课堂教学内容与现实生活紧密相连。这样，不但可以有效地丰富并拓展数学教学内容，让数学变得生动有趣，还可以促使学生运用数学知识去解决生活中的问题，真正做到学以致用。

(四) 根据内容，巧妙设定练习类型

1. 操作练习

"我听见了就忘了，我看见了就记住了，我做了就理解了"，这是华盛顿图书馆墙壁上的三句话。它说明了动手操作的重要性。为此，教师要结合有关的教学内容，联系现实生活中的实际问题，布置操作性作业，让学生在操作中初步感受所学的知识，同时又在实践中巩固所学的知识。例如在教学"秒的认识"时，教师首先布置学生回家观察钟表或是做一个钟面，让学生在学习这一具体知识前对钟表上表示秒的形式有一个初步认识。在学习完这一知识后，然后布置学生以学习小组为单位到公共场所去调查，并寻找哪些地方是用秒计时的。学生在完成这一系列实践作业的过程中，不仅要用到自己的生活经验，还锻炼了怎样与同伴合作的学习能力，更重要的是体现出学生要学有用的数学这一数学学习目标。

2. 口头练习

口头练习是练习的一种形式，是教师在教学中用得最多的一种练习形式。口头练习是指在练习过程中，教师通过让学生说内容、说思路、说方法，实现"以说反思、以说学思、以说促思"的目的。

3. 书面练习

人民教育家陶行知先生早就提出"六大解放"的思想，强调学习需要头脑、双手、眼睛和嘴巴的共同参与。这说明学习需要多种感官的共同参与，

而静下心来认真完成书面练习也是一种有效的学习方式。而这样的练习一般用来解决比较难理解的、口头无法完成的练习。例如学生学习笔算乘法，学习内容中有口算、估算、笔算，前两者可以用口头练习完成，笔算中也有一部分可以用口算来完成，但为了让学生先明白笔算的算理，需要学生从简单的入手，让学生在明白算理的基础上，为较难的计算奠定基础。

（五）依据课堂流程，把握练习层次性

1. 模仿型练习

模仿型练习是根据教学内容进行基本的、单向的习题练习，是强化学生对知识进行内化的过程，也是新课程标准中提出的让学生掌握基本的数学知识的要求。例如在教学"长方形、正方形面积的计算"一课时，引导学生推导出长方形面积计算公式后，便以提问的方式，由教师说出长方形的长和宽，由学生直接运用公式口算图形面积，并且在计算过程中巧妙安排正方形面积计算，让学生自己去感受长方形与正方形的隐含关系，在具体的练习中让学生感受知识迁移与类比，为学生自学正方形面积公式推导奠定基础，充分体现知识的连贯性和后续性。

2. 发展型练习

发展型练习一般指对基本题有较大变化或带综合性和灵活性的习题，也称变式题，这是学生把知识转化为技能，对知识进行同化的过程。例如在"长方形、正方形面积的计算"一课中，在运用本节课得到的公式后，返回来帮助小兔解决开课时遇到的"一块长方形的土地和一块正方形的土地，哪块土地的面积大"的数学问题，教师并没有直接告知边的长度，而是让学生体会到求长方形和正方形的面积必须知道它的长和宽，或者边长。通过这一练习，既巩固了学生对面积计算公式的运用，又让学生体会到求面积的必要条件是去找到它的长和宽，或者边长。

3. 提高型练习

提高型练习一般反映在思考性、创造性方面要求较高的习题，这是学生对知识进行强化、优化的过程。再如在上述的课中，可设计练习求书签的面积。先估一估，"并说说你是怎么估计的"，发展学生的估算意识。大部分的学生会说先估计长是多少，宽是多少，再用公式"长 × 宽"来求面积。

教师这时就会设问："你们为什么先估计它的长和宽？"让学生进一步明确求面积先要知道它的长和宽，或者边长，再实际测量长和宽，求得准确面积，强化公式运用，并通过计算和估算的比较，对一个物体的面积大小有一个直观认识。教师也可以设计"把这块地的长增加 8 米，宽增加 5 米"，求新面积的大小，在前面形成结论的基础上进行拓展，使学生的思维更具灵活性、全面性。

第三节 数学课堂教学策略——分层教学

一、分层教学法的准备工作

教师要告知学生分层的意义和目的所在，向学生公布分层的结果，统一教师与学生的意见。教师应该指导每一位学生对自己进行评估，通过学生的自我评价，由学生来选择适合自己的层次。教师要在学生自愿的基础上进行科学、合理的分析，如果需要改变，可以在询问学生的意见后进行个别调整，然后展示出分层的结果。这样不但可以让学生分到合适的层次，而且可以最大限度地保护学生的自尊心，并且这些层次也不是一成不变的，经过一段时间的学习后，可以做出适当调整。

二、分层教学法的实施步骤

(一) 对学生群体进行分层

教师首先要充分了解学生，掌握学生的基本学习情况是有效教学的前提。教师根据学生的知识基础、智力水平、学习能力等将学生分成不同的层次。大体可以分为三层：基础级别、中等级别、高等级别。对于不同层次的学生应该采取不同的教学方式和教学要求，多层次的教学可以为学生提供广阔的选择空间。教师根据不同的层次将教材和教学内容进行划分，按照每个层次学生的实际学习能力和接受能力进行相对应的教学，学生也可以根据自己的实际情况进行选择，这样也充分尊重了学生的意愿和兴趣。教师可以根据各个层次学生学习的效果，对教学内容以及教学进度、教学方式进行灵活调整，做到灵活恰当的分层。学生是整个教学的中心，对学生进行科学而合理的分层正是实施分层教学的前提与基础。因此，在教学中，教师要对学生进行全面而深入的了解，包括学生的数学基础知识、心理素质、智力水平、学习态度、兴趣爱好等，并在此基础上将学生分为 A、B、C 三个层次。A 层次是有扎实的基础，有着较强的认知水平与理解能力，有着独立的自主学习能力与思维能力的学优生；B 层次是基础知识、认知水平一般，有着一定上进心的中等生；C 层次是基础知识相对薄弱，没有养成良好的学习习惯的学生。教师要引导学生正确认识自己所处的层次，让学生能够愉悦而欢快地参与到教学活动中来。同时要让学生认识到所处的层次并不是固定不变的，而是动态变化的。为此，教师要通过多种渠道来收集与整理学生的相关信息，要保证随时掌握学生的第一手资料，以便及时对学生所处的层次进行相应调整。

(二) 对教学目标进行分层

在学生分层的基础上，教师要根据新课程标准的要求以及各层次学生的水平，对各层次的学生制定不同的教学目标。只有顺利完成教学目标，才能实现课堂教学效率的最大化，因此教师要在重视学生分层的基础上，针对不同层次的学生制定不同的学习目标，这样才能提高教学目标的针对性、科学性与有效性。

(三) 对教学内容进行分层

数学课堂上，教师的教学内容也应根据学生的不同层次进行调整，对于基础等级的学生，教师应以讲解课本知识为主，在学生掌握基础知识后，加以指导和巩固。对于中高等级的学生，教师应引导学生自主学习，指导其养成良好的学习习惯。课堂教学过程中，分层教学活动可以两轨制或者三轨制交叉进行。每个学生完成学习任务的进度和情况不一，有的学生可能接受新知识能力较弱，这时教师可以进行个别辅导，或者安排学生相互交流、相互帮助，以便帮助学生更好地理解和掌握学习的知识。在课堂提问时，教师也应明确设问对象和目的，指向不同层次的学生，问题也不一样。在提问互动过程中，教师可以采取一问多式的方法，将问题层层递进，逐步衔接，让不同层次的学生去解决不同的问题，使提问内容具有连贯性、延伸性，这样可以引导学生层层递进，培养学生的发散性思维。

(四) 对教学方法进行分层

新一轮基础教育课程改革重视学生在学习中的主体地位，重视学生学习方法的转变。学生间的差异性决定了教学方法的不同。为此在教学中，我们要根据学生的不同层次来运用不同的教学方法，如对于 C 层次学生，浅讲多练，让学生掌握基本的概念、公式与定理等；对 B 层次学生，少讲多练，重视学生对基本知识与技能的掌握；对 A 层次学生则要精讲精练，侧重于学生自主学习能力与创造性思维能力的培养。

(五) 对课后作业进行分层

分层教学中，课堂和课后练习一定要有弹性和针对性。教师可以采取剥离式练习方式，就像剥洋葱一样，由浅入深层层剥离，对各个层次的学生提出不同的练习要求。例如在练习中可以设置一题多解、一题多问，教师可以要求基础级别的学生完成基础的习题，一个题目可以只给出一种解法，保证其练习难度低，以便其掌握基础的知识。对于中等级别的学生，教师可以要求其一道题目写出两种或者两种以上解法，或者在基础练习题上面延伸一些稍稍有难度的题目，可以鼓励学生相互交流合作以解决问题。对于高等级别的学生，要求其尽可能多地列举解法，并且寻求最优解法，其练习的难度和深度可以进一步延伸，尽量培养其发散思维能力。教师可以将练习题目设计成递进式，难度和深度层层递进，越往后面越难，将题目分为基础题、提高题及拓展题，每个层次的学生完成题目的要求也是层层递进。基础级别学生要求完成基础题，并且解决基础题中不会的题目或者出错的题目。中高级别的学生要求完成提高题和拓展题，题中的难点，学生间可以互相讨论交流，争取能够顺利完成练习。

(六) 对数学测试进行分层

同样地，对于学生的测评也要分层，针对不同层次的学生设计难度系数不同的测试题目，这更能体现新课程标准精神，更加有利于学生的全面发展。分层测试少了学生间的横向比较，更多的是纵向比较。这样更能让学生客观地看待自己，认清自己的优势与不足，了解知识的薄弱环节，这样才能让学生学有价值的数学。当然，教师还要鼓励学生向高一层次挑战，以争取进入高一层次。

第三章　数学课堂教学策略创新实践探究

第一节　数学课堂教学策略创新——思维能力提升

学数学离不开思维，没有数学思维，就没有真正的数学学习。数学教学就是数学思维活动的教学，数学教学实质上就是学生在教师指导下，通过数学思维活动，学习数学家思维活动的成果，并发展数学思维，使数学思维结构向数学家的思维结构转化的过程。教师不仅要教知识，更要启迪学生思维，交给学生一把思维的金钥匙。因此，在数学教学中如何发展学生的数学思维，提升学生的数学思维能力是一个值得探讨的课题。如何在数学课堂教学中提升学生的思维能力，是教学改革的一个重要任务。就数学课堂教学而言，提升数学思维能力有以下几种方法。

一、提升直觉思维能力

直觉思维是一种以高度省略、简化、浓缩的方式探究问题实质的思维。数学成绩好的学生，在解决数学问题时，常能产生思维的活跃，灵感的突发，并能有效地进行猜测、想象和快速判断，这便是数学直觉思维能力的体现。一个人的数学思维、判断能力的高低主要取决于直觉思维能力的高低。数学直觉是可以后天培养的，实际上每个人的数学直觉也是不断提高的。在数学教学中，对学生进行直觉思维训练不仅有助于学生寻找解题的途径、选择解题的方法，而且有助于学生智能的开发。但是实践证明，学生的直觉思维能力不是一蹴而就的，它是在数学学习过程中逐步形成和发展起来的。

（一）多做练习

通过大量例子取得了足够多的处理问题的经验后，往往就会产生一种这个问题是怎么回事及结论是否正确的直觉。学生虽然心智还不成熟，但依旧具有自己的判断，正逐渐形成自己的是非观。当一个问题多次被强调后，就算他们不懂内在深层次的原因，也会有最基本的认知反应。因此，对学生而言，多做练习是学生直觉思维培养中最简单、最基础的一部分。

(二) 拓展知识面

教师不能仅仅要求学生掌握书本上的知识，还要鼓励学生阅读数学相关的课外书籍，扩大自己的知识面。当学生积累了丰富的知识，思维就能够慢慢活跃起来，反应速度也会越来越快。教师既要鼓励学生发展数学直觉思维能力，又要使他们的思维在各方面得到均衡发展，提高数学直觉思维的合理性。

(三) 营造宽松的猜想氛围

在课堂教学中，教师应当注意激发学生的学习兴趣和培养学生的自信心。过去，课堂教学多是以教材的逻辑展开为线索而进行讲授的，这虽然有利于培养学生的逻辑思维能力，但是若从培养学生的探索精神和自信心来看，就显得十分不够。作为教师，应该转变教学观念，为学生创设宽松的猜想氛围，把学习的主动权还给学生。

对于学生的大胆设想，教师要给予充分的肯定，对其合理成分应及时给予鼓励。教师要允许学生做出不同的猜想，并进行热情的鼓励和赞扬，使学生感受到猜想的价值，享受到成功的喜悦，树立起学好数学的自信心。教师不仅要鼓励学生猜想，更要给予猜想方法的指导，使学生明白什么值得猜想，什么不值得猜想，应该如何猜想，并培养学生不怕讥笑、不怕出错和勇于自我修正的精神。另外，教师要经常运用直觉思维对问题进行猜度，为学生做出示范，引发学生模仿。如果学生从来没有见过身边的人有效地利用直觉思维的方法去解决问题，那么他们就未必会相信和发展自己的直觉思维能力。

一个善于运用直觉思维的教师，容易用他敏锐的直觉来熏陶学生的直觉，使学生的直觉思维能力不断地得到发展与提高，从而使学生具有较强的自信心。学生在学习数学的过程中能够大胆进行猜想，是他们进步的表现。教师在教学过程中应当通过与学生生活相近的问题引导学生进行拓展猜想训练，培养学生在数学学习过程中的创新意识，引导学生对未知知识进行主动的探究和获取。因此，适当的拓展训练能够有效地激发学生的学习潜能，能够促进学生站在更高的角度对数学知识进行探究。教师需要指导学生对数学知识进行应用，通过应用过程，学生能够更好地体会猜想在数学学习过程中的重要性。例如，一辆汽车在行驶，经过 0.4 小时，行驶了 18 千米，请问这辆汽车每小时行驶多少千米？这道应用题难度并不大，但是教师为了更好地引导学生进行猜想，应当鼓励学生提出更多的解题方法。这是一道整数除以小数的计算，学生可以把小数转化成分数再进行计算，教师还可以引导学生通过画图进行深入的分析以得出答案。

（四）重视学生观察技巧的培养

无论是直接知识还是间接知识的学习都离不开观察，而直觉是思维在观察上表现出的快速和灵活的反应。这就需要教师在教学中重视培养学生对教材敏锐的观察力，让学生掌握正确的观察方法，并经常训练，形成技能。正确的观察方法有以下几种。第一，观察要有目的性。例如教学"循环小数"时，一开始，设计这样的一组情景题：①春、夏、秋、冬、春、夏、秋、冬等；②一、二、三、四、五、六、日、一、二、三、四、五、六、日等；③红、绿、黄、红、绿、黄等。然后提问："哪一个同学能找出这组题的共同特征？"问题不仅一下子调动了学生观察的兴趣，而且明确了观察的目的，使学生很快地通过观察发现"依次不断重复出现"这样一个规律，为掌握循环小数这一概念打下了良好的基础，同时突出了本节课的重点、难点。第二，观察要有选择性。教师可以让学生运用概念，有选择地观察、判断，从而做出正确的选择。第三，观察要有顺序性。杂乱无章的观察难以收到良好的效果。观察要有一定顺序，有条理、有步骤地进行，或从整体到部分，或从小到大，或从大到小等，要注意前后连贯，层次分明。

二、提升逻辑思维能力

逻辑思维是借助概念、判断、推理等思维形式所进行的思考活动，是数学思维的核心。强大的逻辑思维能力是学好数学的重要基础，也是处理生活中涉及逻辑问题的保障。教师可以引导学生从实际生活出发，将数学知识和实际

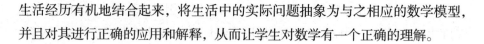

生活经历有机地结合起来，将生活中的实际问题抽象为与之相应的数学模型，并且对其进行正确的应用和解释，从而让学生对数学有一个正确的理解。

（一）重视学习的问题

学生的逻辑思维的培养和提升是以问题为基础的，在数学课堂教学中，教师需要引导学生发现问题、分析问题、解决问题，这是培养和提升学生逻辑思维能力的重要途径。因此，教师在教育教学中要注重问题的提出，为思维能力的培养奠定良好的开端；教师要在学生学习好数学知识的基础上，引导学生对数学知识中存在的疑问与问题进行分析、解决；教师要有计划、有目的、有意识地选择问题，这些问题要贴近学生的最近发展区，不能太难，使学生失去探究的欲望，也不要太简单，那样就达不到培养学生逻辑思维能力的目的。因此，教师要因材施教，结合学生的实际学习状况，有效地培养学生的逻辑思维能力。

（二）小组教学

小组教学法或合作教学法是目前很多教师都会采用的教学方法，并且在数学教学中也取得了很好的教学效果。但如果将教学法局限于合作学习法，而不注重与其他教学方法的结合，时间长了，学生就会养成依赖教师和同学的习惯，而不去自己思考，这对于教学是十分不利的。所以，教师在教学中更加需要注意的是培养学生独立思考的能力，具体而言，就是教师要能够适当鼓励、引导学生思考。例如，教师在讲题时，一般是从头讲到尾，甚至将答案也算出来。但要培养学生独立思考的能力，最应该做的是讲题时注重解题思路的讲解，将一种或两种解题思路讲给学生，由学生自己完成接下来的解答，或是讲完一种解题思路，鼓励学生想出其他的解题方法。

（三）精心设计教学内容

在基础阶段，提升学生的逻辑思维能力，要注意逐步培养学生有根据、有条理地进行思考，比较完整地叙述思考过程并说明理由。要培养学生有根据、有条理地思考，就必须不断提高学生思维的逻辑性。首先是求异思维，要求学生打破原有的条条框框，不盲目跟从，对任何事物持质疑态度，并能够用自身所掌握的知识去验证质疑事物，大胆发表意见。数学思维教学中，学生求异思维的培养极其重要。学生只有具备了求异思维，并在学习过程中大胆地发展求异思维，才能真正养成独立思考和解决问题的良好习惯。因此，对于教学中这种创造性思维的闪现，教师要加倍珍惜和爱护。除了求异思维之外，还有立体思维也需要教师加以重视。例如，用比例方法解答：一辆汽车从甲城开往乙城，3小时行驶了105千米。用同样的速度又行驶了1.2小时到达乙城。甲城到乙城有多少千米？学生有根据、有条理的解题过程应该是：①判断题目相关联的两种量是什么。从题目的第一句话中看出，两种相关联的量是时间和路程。②根据这两种相关联的量可以写出数量关系式。即路程 ÷ 时间 = 速度。③根据题中的"用同样的速度"这个条件，得出"速度"不变。④由此可以做出判断，汽车行驶的路程和时间成正比例。⑤找出对应关系，列出比例式。这个过程一方面表明，学生有根据、有条理地思考必须做到概念明确、分析清楚、判断恰当、推理合乎逻辑，即要有初步的逻辑思维能力；另一方面也表明，只有不断提高学生思维的逻辑性，才有助于学生有根据、有条理地思考。

三、提升发散思维能力

在数学教学过程中，教师要抓住时机引导学生突破固有模式，摆脱框架思路的束缚，从不同角度灵活出题。学生对所给条件从不同角度分析、构想和重组，实现了思维的发散。学生的思路开阔了，分析问题、解决问题、探求新知识的能力逐步培养起来，继而发散创新的意识也油然而生。

(一) 激发学生兴趣

学习兴趣和求知欲望是学生发散思维能力得到充分发挥的重要表现。要激发学生的学习欲望和激情，就必须创设一个有趣的、能吸引人的思维情境，但也不能完全通过游戏来完成。学生的思维情境的创设需要教师在讲授一般知识的过程中，激发学生的积极性和主动性，引导学生独立思考。比如在学习几何概念的时候，教师可以通过几何模型或者通过电脑和投影展示几何图片，帮助学生从感性认识升华为理性认识，从身边的具体事物上升到抽象的概念中来。教学中，通过设置教学情境，激发学生的兴趣，将枯燥无味的知识融入生动形象的实践中来，引发学生在实践中对此问题的独立思考和解决，这不仅提高了教师课堂授课的水平，更重要的是，学生通过对身边实际问题的探索，经验总结，更有利于提升其数学发散思维能力。像这样在教学中呈现一定的思维情境，设置思维障碍，引导学生发现学习数学的意义，更有助于激发学生在学习中的积极性和主动性，更加能做到独立思考，数学思维能力自然而然地得到提升。

(二) 转换角度思考

发散思维活动的展开，其重要的一点是要能改变已习惯了的思维定式，而从多方位、多角度即从新的思维角度去思考问题，以求得问题的解决，这也就是思维的求异性。从认知心理学的角度来看，学生在进行抽象的思维活动过程中，往往表现出难以摆脱已有的思维方向，也就是说学生个体的思维定式往往影响了对新问题的解决，以至于产生错觉。所以，要培养与发展学生的发散思维能力必须十分注意培养其思维求异性，使其在训练中逐渐形成具有多角度、多方位的思维方法与能力。例如，四则运算之间是有其内在联系的。减法是加法的逆运算，除法是乘法的逆运算，加与乘之间则是转换的关系，当加数相同时，加法转换成乘法，所有的乘法都可以转换成加法，加减、乘除、加乘之间都有内在的联系。比如教师在讲解"329可以连续减多少个7"这一问题时，应要求学生变换角度思考，从减与除的关系去考虑。这道题可以看作"329里包含几个7"，这样问题就迎刃而解了。这样的训练，既防止了片面、孤立、静止地看问题，使所学知识有所升华，从中进一步理解与掌握数学知识之间的内在联系，又进行了求异性思维训练。在教学中，还会发现一部分学生只习惯于顺向思维，而不习惯于逆向思维。在应用题教学中，在引导学生分析题意时，一方面可以从问题入手，推导出解题的思路；另一方面也可以从条件入手，一步一步归纳出解题的方法。教师要注意在题目的设计上进行正逆向思维的变式训练，逆向思维的变式训练更为重要。众多教学的实践证明，从低年级开始就重视正、逆向思维的对比训练将有利于学生打破已有的思维定式。

(三) 一题多解

在教学过程中，教师可结合教学内容和学生的实际情况，采取多种训练形式，培养学生思维的敏捷性和灵活性，以达到培养和提升学生发散思维能力的目的。教师可以对题中的条件、问题、情节做各种扩缩、顺逆、对比或叙述形式的变化，让学生在各种变化了的情境中从不同角度认识数量关系。这样不仅可以逐步发散学生思维，达到训练思维的目的，而且可以引导学生发现这类题的结构特征，概括这类问题的解题规律。例如，有一批零件，甲单独做需要 12 小时，乙单独做需要 10 小时，丙单独做需要 15 小时。如果三人一起做，多少小时可以完成？解答后，要求学生再提出几个问题并解答，学生可能提出如下问题：①甲单独做，每小时完成这批零件的几分之几？乙单独做呢？丙单独做呢？②甲、乙一起做多少小时可以做完？乙、丙一起做呢？③甲先单独做了 3 小时，剩下的由乙、丙做，还要几小时做完？④甲、乙一起做 2 小时，再由丙单独做 8 小时能不能做完？⑤甲、乙、丙一起做 4 小时，完成这批零件的几分之几？通过这种训练，不仅能使学生更深入地掌握工程问题和解法，还可以克服思维定式，提升发散思维能力。

四、提升联想思维能力

巴甫洛夫曾说过："一切教学都是各种联想的形成。"联想是发散思维的基础，它是由一个事物想到另一个事物的心理过程。在教学中，联想也是培养学生数学思维能力的一种重要方法。

(一) 概念联想

概念是学习数学的基础，如果对概念模棱两可，那么对数学的认知就不可能完善。因此，要培养学生的联想能力，就要从基础抓起，引导学生进行概念的联想。概念联想是根据一个知识点的概念发散思维，考虑到在其他条件下，概念可能发生的变化。比如，在学习四边形时，教师会教导学生什么是平行四边形，即在平面内，两组对边分别平行的四边形是平行四边形。那么在以这个概念为基础的前提下，教师就可以继续发问：如果两组对边平行且与相邻边垂直，那么这个四边形还是平行四边形吗？显然，这是在原有的概念上添加了一个条件，就会得知对边平行且与相邻边垂直的四边形叫长方形，它是特殊的平行四边形。教师还可以进一步添加概念的限制条件，如长方形相邻的边长度相等，那么这个四边形还是长方形吗？之后学生就会了解到，这样的长方形叫作正方形，也是特殊的平行四边形。

（二）本质联想

本质联想是概念联想的深化，即在理解了知识概念的基础上，对知识的本质也有一定程度的了解，然后从本质上探索知识之间的联系，达到应用知识举一反三的目的。比如，在学习了加法和乘法之后，教师要求计算 6+6+6+4 的结果，这个计算题相对简单，但却有几种不同的解法。首先，学生会想到直接使用加法得出结果，然后在教师的引导下学会用乘法解题，转换式子为 $6 \times 3+4$，因为乘法的本质实际上是加法，这两种方法在本质上是相互联系的，也因为这种联系，这道题还可以用 6+6+6+6-2 来解，即 $6 \times 4-2$ 的简便算法。

（三）实践联想

对知识的理解不仅表现在思维上，也表现在动手能力和实践能力上，教师在教学过程中要为学生创造实践的条件，让学生通过实践完善对知识的学习和理解，从而培养学生的思维积极性，让学生对知识的联想拓展到生活上，这对联想能力的提高有很大帮助。比如，在学习"计算圆的周长"这个知识点时，教师可以让学生事先准备各种圆形的物体，如茶杯的茶盖、玩具汽车的车轮等，让学生利用细绳、刻度尺等工具对圆形物体的周长进行测量。在测量的过程中，学生就会发散思维，想各种办法，如可以用细绳缠绕物体一周，再用刻度尺测量细绳的长度；可以将圆形物体在桌上滚动一周，用刻度尺测量物体在桌上滚动的距离等。这些都是学生联想思维的体现，在潜移默化中培养了他们的知识联想能力。

五、提升逆向思维能力

（一）概念教学

在数学解题中，"定义法"是一种比较常见的方法，但定义的逆运用容易被学生忽视，只要重视定义的逆运用，进行逆向思考，就会达到使问题解答更简捷的目的。在概念教学中，教师应明确作为一个数学定义的命题都有对应的逆命题，从一开始就要贯穿双向思维训练。例如小数点向右移动一、二、三位，那么小数值就扩大10、100、1000倍，教师要引导学生学会反向叙述，即小数值扩大10、100、1000倍，那么小数点应向哪个方向移动几位？这样的例子很多，对数学命题逆向叙述比正向叙述难度要大，学生开始难以适应，所以应从低年级抓起，并根据不同的知识范围、心理水平，采取不同的方式，循序渐进，逐步到位。数学中所给出的定理、公式、法则等基础知识的运用往往有正向的，也有逆向的，学生不能很好地融会贯通，容易造成思维呆滞。因此，在教学中，除了熟练掌握定理、公式、法则的正向应用外，学生还应学会定理、公式、法则的变形逆用，这样才可以使问题较易解决。此外，在教学中，教师还可以让学生明确每个定理、公式、法则等基础知识的逆命题是否正确，并注意成立的条件。例如，"0是整数"的逆向叙述为"整数是零（小写）"，将命题的前提与结论换位，导致命题错误。因此，要引导训练学生科学地进行逆向叙述。例如，在学习了整除概念以后，得出"能整除的一定能除尽"这个结论。为了进一步搞清整除的概念，区分整除与除尽，还应该反方向想一想"能除尽的一定能整除吗"。如果教师经常有意识地在教学中应用反向教学法，那么学生不仅对所学的知识掌握得清楚正确、全面辩证，而且久而久之，学生的思维能力会高出其他学生，至少他们在解决问题时多了一条不易想到的方法。

（二）直观教学

感性认识是理性认识的基础，理性认识依赖于感性认识。在数学教学中，教师利用必要的教具、模型、幻灯、多媒体等进行直观教学，能使学生的多种器官协同参与思维活动，获得较多的感性认识，提高思维的活跃度和效率。比如，用多媒体逼真地展现某个事物、某个事件、某种活动的全貌，可以更有效地激发学生的思维，使学生的正向思维清晰明了，也为学生进行逆向思维提供了可靠的基础。另外，通过使用多媒体教学，可反向呈现某些活动或过程，有利于学生逆向思维的进行。

(三) 反证教学

教学中，教师需要利用不同的实例呈现数学理论，证明数学理论的正确性与应用方法。反证法具有一定的间接性，当一些数学问题解决的难度较高时，许多策略解决者都会利用反证法来找解决问题的正确方法。反证法从数学结论反向出发，引出与分析矛盾，从反面的角度来得出正面的结论，对现有的数学结论进行肯定。因此，教师利用反证法进行数学教学，有利于引导学生从反向角度思考，促进学生逆向思维的形成。平时，学生会遇到不同的命题，教师在引导学生对这些命题的真假进行确定的时候，可以利用反证法进行逆向思维的培养。像"四边相等的图形就是正方形"这样的问题，教师在引导学生对其正确性进行验证时，可以利用一个四边相等但不是正方形的反例进行验证。教师也可以举出菱形这一反例，让学生从菱形的性质出发，对命题的正确性进行逆向思考。这样的教学活动可以扩展学生的思维面，促进学生逆向思维能力的提高。

六、提升抽象思维能力

数学的抽象决定了数学可以培养学生的抽象能力，也决定了学生必须具有一定的抽象能力。从一道道具体的应用题到常见的数量关系，从一道道具体的计算题到计算法则，从具体的数到一个个字母等无一不是抽象的过程，教材的编排体现了这样一个由具体到抽象的过程。新课程标准在"教学思考"方面提出了"经历运用数学符号和图形描述现实世界的过程，建立初步的数感和符号感，发展抽象思维"和"丰富对现实图形与几何的认识，发展形象思维"的目标。在新课程教材使用的过程中因为直观操作强调较多，有时则忽视了抽象的过程与结果，对由形象到抽象的过程认识与研究不够，从而实战上很不到位。因此，要提升抽象思维能力有以下几种方法。

(一) 适度使用教具

课堂教学离不开教具的使用，而教具的过度使用在教学中并不能发挥最大的作用。相反，很多教师在课堂教学中过度依赖教具，结果起到相反的作用，甚至阻碍了数学教学的进行。因此，在课堂教学中应该适度使用教具，发挥教具最佳的作用，这对培养学生的数学抽象思维能力起到积极的促进作用。例如，在教学"认识图形"一课时，教师可以给学生布置预习作业，让学生观察身边事物的形状，然后把简单易拿的物品带到课堂上与其他同学进行分享。学生们会对手中的物品很感兴趣，会更加认真仔细地观察这些长方形、正方形、三角形、圆形的特征，通过让学生亲自动手触摸，学生的兴趣很容易被激发，这样的效果往往会比教师直接传授知识的效果要好很多。但在选择各种形状的物品时，教师要做适当的选择，在观察和触摸过程中也要做好纪律的要求，避免学生趁教师不注意私下玩起来而忽略了学习目的。在讲解加减法时，教师可以借用小木棍让学生摆一摆，并观察怎样摆能够一眼看出有多少根小木棍。学生在操作和实践中会逐渐掌握知识、激发数学学习的乐趣，并对表象进行判断和思考，实现思维的内化。

(二) 构建习题框架

强化思维训练，启发学生按照逻辑顺序去思考问题，有助于迅速提高学生的抽象思维能力。课堂中构建习题框架，不失为一种比较好的思维训练法。例如将内容有联系的、易混淆的、有互逆关系的题目放在一起成组地出现，让学生区别、辨认，可以提高学生的分析判断能力。培养学生的抽象思维能力，必须着眼于思维的各种品质。思维品质是衡量逻辑思维能力水平高低的一个重要指标。因为思维品质的实质，就是人的思维能力差异的表现。在日常教学中，注重建立清晰的数学概念，可训练学生思维的正确性。例如教学"厘米的认识"时，让学生抽象理解1厘米的长短，当再要求学生在尺上寻找1厘米的刻度所表示的区域时，学生的思维十分活跃，认为0到1、1到2、5到6等两个相邻数字间的区域均表示1厘米。最后，学生还能画出许多1厘米长的各种方向的线段。

(三) 训练思维语言

语言是思维的外在表现，因为人们借助语言表达思想。所以，语言能力的启蒙培养有助于学生抽象思维能力的提高。教师在教学中要求学生先思考再回答，而且要用完整的句子表达，并且注重数学语言的准确性、严密性、逻辑性，这样的启蒙培养，持之以恒是有效的。除了以上几种提升思维能力的方法外，还有其他方法，如推理论证思维能力、运算求解思维能力等，这里不再一一讲述。总之，数学思维能力的提高是学好数学的基础，因此培养与提高学生的数学思维能力是数学教学的一个重要任务。在培养学生数学思维能力的教学过程中，不仅要考虑到能力的一般要求，而且要深入研究数学学习和数学思维的特点，以提高学生的数学思维能力。

第二节　数学课堂教学策略创新——问题意识培养

每一个人从出生那天起就具有强烈的探索世界的自主性，但成熟的问题意识并不是与生俱来的，而是通过文化的影响和教育发展而形成的。本节根据问题意识的结构和动态生成原理，探讨了最近发展区与问题意识的辩证关系以及在最近发展区培养问题意识的着眼点，从实践的基础上提出和归纳了在最近发展区发展学生问题意识的基本策略，并对学生培养问题意识和进行探究学习做了有益的研究。

一、走进最近发展区

教师应该牢固树立"学生无错""言者无罪"的意识。学生答错了允许重答，答得不完整时，尽量做到表情专注，态度和蔼。对学生提出的每一个问题及做出的回答，哪怕是十分的幼稚和肤浅，教师都应尽量给予肯定和鼓励，发掘其中可取的因素，防止从言行上伤害他们的自尊，挫伤其积极性。只有这样，学生才敢想、敢说、敢问。

(一) 保持愉悦脑

科学研究表明，人的大脑的左半部分主要控制语言、逻辑、数学和次序，右半部分则控制节奏、旋律、音乐和幻想等创造性活动。当大脑中的情感神经处于轻松活跃状态中，会激活不易调动的右脑。由此可见，个体经常保持愉快、乐观的心情，形成自由的心态，容易在大脑皮层形成优势的兴奋性，促进新的神经联系的形成和旧的神经联系的复活，能使学生产生质疑的勇气和保持创新思维的热情。一个人做任何事情总是抱有希望，并希望获得成功，没有希望或不能成功的事情就不愿去做。实践表明，满足了希望和成功的心理，人就会感到愉快，不能满足就会感到烦恼。就学生学习而言，学生在学习中表现出来的态度都是对过去学习成败的一种体验。学习愈有成就，情绪就愈愉快，持续学习的动机就愈强烈；反之，学习愈失败，情绪就愈不愉快，以后学习的动机就愈微弱。在教学中，教师对学生的学习成绩给予正确的评价，及时给予表扬、鼓励，能满足学生的成就心理，进而产生更强的学习动机。

(二) 有效迁移

迁移是已经学过的东西在新情境中的应用，也就是已有经验对解决新课题的影响。教师能在最近发展区内充分地运用迁移理论，调动学生学习的积极性，激发学生学习的兴趣。由于最近发展区内的问题情境是新的教学内容，同原来的知识有联系，一般情况下两者是可以自然融合的，所以学生的知识就比较容易实现迁移，而且此时学生的思想也容易敞开，容易导致问题的出现，问题又能激发其进取创新的欲望。如何在最近发展区内运用迁移理论，唤醒学生的问题意识呢？教师要不断激发学生的兴趣，促使其积极参与实践活动，去发现问题，去探求解决问题的途径和办法，使学生在课堂中始终保持最佳心理状态；教师应以愉悦、激励的情感组织教学活动，使学生多获得成功，诱发其良好情感，使他们的智力活动更加活跃；在承认差异的前提下，教师要相信每个学生都有自己的天赋、才能和特长，相信每个学生都乐于接受新生事物，相信每个学生只要按其认知规律给予适当的点拨，他们就会迸发出智慧的火花。唯有如此，我们的课堂才会时时充满人情味，处处充满成长的气息。

二、引发认知冲突

认知冲突是学生原有知识经验与新的学习任务之间的矛盾冲突。认知冲突造成学生认知心理的不平衡，从而使学生为解决这一冲突产生实现新的平衡的需求，激发学生的好奇心和求知欲，从而激发问题意识形成。在课堂中，教师应善于引发学生的认知冲突，让新旧知识之间的矛盾或新旧发展水平之间的矛盾构成学生认识活动的内部矛盾，使学生处于一种主动、活跃的能动状态，进而唤醒学生强烈的问题意识，激发学生的求知欲望，使之成为促进学生建构良好认知结构的推动力。

(一) 创设情境思维

情境思维通常是由问题情境产生的，而且是以解决问题为目的。因此，无论是教学的整体过程，还是在教学过程中的某些微观环节，教师都应十分重视问题情境的创设。通过设计操作过程、创设问题情境，引发认知冲突；通过真实的生活情境引发问题意识；通过虚拟的故事情境诱发问题意识；通过谚语、民俗、典故等设置问题情境，精心设计教学过程，培养问题意识；充分运用多媒体设置问题情境。由于这些问题是学生自己提出来的，特别想知道答案，所以就有了探索的欲望，也明确了自主学习的目标。此时教师再适当指导，让学生自主交流探讨寻找答案。另外，教师在提问时，要把未知因素混杂于一些熟知的因素中，这一混合必将引起学生的兴趣，激发学生积极思考问题，使学生既获得了知识，又培养了能力。

(二) 标新立异 "见人之未见，思人之未思，言人之未言，行人之未行"

在教学中，教师要贴近生活，极力推崇求异，鼓励学生跳出框架，标新立异，小心呵护学生每一次闪烁的思维火花，在课堂教学中淋漓尽致地发挥学生的主动性。学生在学习过程中，只有发展求异思维，才能获得灵活的知识、有价值的知识、创造性的知识，才能从事创造性活动。我们平时所说的"举一反三"就是这种求异思维的结果。数学知识就像是一张纵横交错的网，每一个知识点都是一个节点，一条条知识链连接起一个个的节点。通过教师精心设计问题，引导学生不断地思考，叩开学生数学思维的心扉，呈现大量与众不同的想法，这样的教学大大提高了学生的推理能力、抽象能力、想象力和创造力。

(三) 关注差异

人的认知水平可划分为三个层次，即"低水平区""最近发展区""高水平区"。人的认知水平是在这三个层次之间循环往复、不断转化、螺旋式上升的。由于学生的经验、感知不同，认知的水平也不同，表现为学生间各异，班级间也各异。所以，我们要关注差异，在教学的过程中动态生成。例如，在比较"异分母分数大小"时，同学们都是把几个异分母分数化成和原来分数相等的同分母分数来比大小，而有位同学却别出心裁，把几个异分子分数化成和原来分数相等的同分子分数，给同学们开辟了新的思路。可见，教师要尊重班里每一个想发言的学生，绝不能不相信他们，要知道每一个个体都蕴藏着丰富的宝藏。

三、激活思维方法

(一) 发展直觉思维

直觉思维是根据已有的经验直接领悟事物的本质并迅速做出判断的思维。直觉思维浓缩了思维的信息加工过程，敏锐洞察客观事物的本质。直接理解和判断是认识的顿悟和灵感的迸发，被认为是创造性思维的指路标。教学中，教师要首先给学生做出直觉思维的示范，其次要尽可能多运用启发式教学，以引起学生的好奇心，激起学生的探索热情，有效发展学生的直觉思维，进而促进问题意识的发展。

(二) 培养发散思维

学生思考得越多，在周围世界中看到不懂的东西也越多，对知识的感受性就越敏锐。因此，教师要善于引导学生认真观察，勤于思考，敢于想象猜测，对同一个问题多层面、多视角地去观察、分析和思考，透过现象看本质，提出具有创新性的问题，这有利于培养学生发现问题的能力，尤其是创造性地发现问题的能力。数学课程标准也指出解决问题要多样化，这说明培养学生的发散思维能力是至关重要的。在条件和问题不变的情况下，让学生多角度、多侧面地进行分析思考，探求不同的解题途径。一题多解的训练是培养学生发散思维的一个好方法，它可以通过纵横发散，使知识串联、综合沟通，达到举一反三、融会贯通的目的。

(三) 鼓励求异思维

求异思维要求学生凭借自己的智慧和能力，积极独立地思考问题，主动探求知识，多角度、创造性地解决问题。教师在教学中鼓励学生的求异思维，既有利于加深学生对知识的理解，又有利于克服思维定式，以培养创造性思维。通过实施开放式教学，可以给学生创造一个高度自由的思维时间和空间。

四、巧设课堂空白

(一) 教师语言的空白

教师语言的空白是指在教学中教师不必把话说尽说全，要留给学生思考、想象、感悟的余地。

(二) 教材处理的空白

教材处理的空白是指在教学中不求面面俱到，而是根据学生实际和教材特点做大胆取舍和适当调整。

(三) 教学过程的空白

教学过程的空白是指在教学过程中留出时间，让学生思考、讨论、找资料，特别是让学生进行操作练习。动手能力是创新能力的前提，动手是为了培养技能，从而更快地掌握知识。俗话说"心灵手巧"，反过来，"手巧"也能促进"心灵"。在动手操作、实验实践的过程中，学生不但可以验证知识，提高学习兴趣，还可以在此过程中提高发现问题、分析问题和解决问题的能力。课堂教学中，通过画一画、折一折、剪一剪、拼一拼等实际操作活动，可以使学生的多种感官参与学习，既动手又动脑，在操作过程中发现问题并解决问题，这样有利于学生主动学习、自主发展。

第三节　数学课堂教学策略创新——自主探究意识培养

在实际的数学教学过程中，教师应当利用合理的方式与方法，培养学生数学学习的自主探究意识。教师以自主探究精神的培养为基础能够进一步激发学生对数学学习的兴趣，增强学生数学学习的动力，以此来保证数学教学的过程能够发挥学生的主观能动性。

一、建立新型的教学关系

教师自身的教育观念要与时俱进，要进行合理的教学创新与改革，将学生作为课堂的主体，根据学生的实际情况进行课程内容的设计与规划。每一名学生都拥有无限的可能与潜力，这就要求教师在实际的教学过程中平等、友善地对待每一名学生，尊重每一名学生的个性发展，将对学生的鼓励以及信心带入实际的教学中来，在课堂中为学生打造一个和谐、轻松的数学自主探究学习环境，这样学生就不会因为教师的身份产生距离感，同样不会对学习难点充满恐惧心理，不害怕受到教师的批评。教师要帮助学生寻找身上的特长与发光点，引导学生进行多元化的发展，在课堂教学的过程中要鼓励学生积极提问，大胆地对他人的想法提出疑问。例如，当一名学生的想法并不符合大多同学的普遍思维逻辑时，教师可以跟这名学生说："你的思维很独特，可以继续说下去。"通过类似的鼓励让学生敢于走上讲台发表自己对于数学知识的看法，并且积极地分享自己的解题思路。教师应当换位思考，对学生的想法表达不能要求完全准确，要对学生的表达提出疑问并且进行正确、积极的引导。学生能够完整地表达自己的想法就非常不错了，如果在这个基础上逻辑清晰，即便学生的想法脱离了生活实际，教师也应该对学生进行积极的鼓励。除此之外，学生属于一个个个体，个体之间存在着巨大的差异，这就需要教师花费时间去关注每一名学生的实际情况，在课堂上给每一名学生创造表达自己的机会，进一步培养学生敢于表达的精神，使学生养成自主探究的精神与意识。教师只有进行类似的创新性教学方式，才能够转变死板的传统数学教学模式，进一步解放学生的思维。

二、设计自主开放的练习

在实际的数学教学过程中，学生通过自主的学习与思考，会有很多不同于课堂教学中的认知与发现。在实际的自主开放式的训练中，教师应当根据实际情况进行教学内容的设计，引导学生积极参与自主开放的练习中来，以提升数学课堂的教学质量与效率。例如，当课程进行到讲解"圆柱的体积"这部分内容时，教师可以根据课件的内容询问学生："根据圆柱的解剖图，你能联想到什么？"教师鼓励学生积极地表达自己的想法，并且联系生活中的实际物体进行想象。有的学生想到了茶叶盒及水杯的形状，这样的联想是十分正确的，以此为基础教师可以讲解圆柱的底面积、高与体积之间的关系。根据上述自主开放的训练，学生可以联系生活实际进行思考与分析，教师能够进一步培养学生的自主研究意识，引导学生将数学知识与生活实际相结合。总而言之，在日常教学开展的过程中，教师通过设计一些自主开放练习可以使学生的探究意识得以提升。

三、注重学习过程中的引导探究

在实际的教学过程中，为了能够促使学生顺利地掌握数学知识的重点，教师就需要对学生进行教学思维的启迪，进一步激发学生的求知欲望。

例如，在教学"能被2、3、5整除的数字特征"这部分内容时，首先教师要求学生按照课本上的步骤进行计算和学习，可以看出学生会很吃力。然后，教师按照相关规律说出一连串能被2、3、5整除的数字之后，要求学生一一进行验证。学生在疑惑和好奇心的驱使之下，就会提升自己的求知欲，激发学习兴趣，主动进行计算和学习。这样一来，学生在学会新知识的过程中还可强化自主探究的数学意识。再如，教学"圆的周长"这部分内容时，教师首先提问："公园内有很多棵树，在不将其锯开的情况下可以算出它们的直径吗？"然后教师要求学生分组讨论，达成一致的意见后再推选出一名代表，讲出具体的情况，其间教师要注意进行合理的引导。这样一来，学生会感觉教师的提问很有趣，并且迫切想知道其中的原因。学生在兴趣的驱使之下开始学习新内容，就会由传统教学的"要我学"思维积极转变成"我要学"的思维，进而强化自主探究的学习意识。因此，教师在教学开展的过程中提高对学习过程的引导可以使学生的探究意识得到有效的提高。

四、营造轻松、舒适的课堂教学氛围，激发学生的探索欲望

要想使学生在数学课堂上的学习效果大幅度提高，就需要学生有足够的安全心理条件，从而为学习的顺利开展创造良好的基础。这就要求教师在开展教学的过程中提高对教学环境和教学氛围营造的重视程度，为学生营造

良好的、平等的学习氛围。这样一来就可在一定程度上促进学生激发学习兴趣，使学生积极、主动地投入自主合作学习活动之中，愿意和其他同学一起探讨课堂的问题。同时，教师要具有鼓励学生独立进行思考和探究问题的意识，引导学生进行正确思考。在此期间如果学生有疑惑，要鼓励他们勇敢发言，敢于提问，这样可以带动其他学生的学习积极性。采用这样的教学方式不仅可以为数学课堂营造一种积极和谐的学习氛围，而且能够让学生在这种学习氛围下敢于发表自己的疑惑。

五、积极创设数学的课堂提问情境

众所周知，兴趣是学生开展一切学习活动最好的指导教师，这也是开展自主探究学习活动的基础所在。因此，为了能够激发学生学习知识的兴趣，教师在讲解相关知识的过程中，可以以信息化教学技术为辅，为学生寻找一些与课堂内容有关的知识内容，以便为学生营造良好的学习氛围和学习情境，充分激发学生的积极性与兴趣，使得课堂教学效果得到最大化的增强与改善。例如，在学习图形知识相关内容期间，教师应用多媒体设备收集、整理在日常生活中比较多见的图形物体，如圆形的车轮、长方体的冰柜、三角形的房顶等。教师借助这些在日常生活中常见的物体图形，可以引发学生在学习的过程中思考，从而引起学生对日常生活中比较常见的图形的回忆，最后用自己的语言进行阐述。教师在课堂开展的过程中通过这样的教学方式，不仅可以让学生快速地投入课堂学习中，而且可以充分激发学生开展独立思考，准确掌握本节课所学习的内容。

六、重视学生操作实践，以提升探究能力

基础阶段的学生正处于对世界充满好奇的年龄，所以活泼好动便成了这个年龄段学生的特点。为了能够充分利用学生活泼好动的特点，教师在开展教学的过程中可以提高对学生操作实践的重视程度，从而促使学生积极主动地参与课堂操作实践中，使学生的探究能力得以提升。学生在参与实际动手操作的过程中，其实践能力和思维模式等都可以得到锻炼。比如，在对分数这部分知识进行学习的过程中，教师可以让每一个学生提前准备一张正方形的白纸，问学生怎么可以将这张白纸等分成四等份。然后，教师让学生在

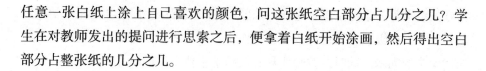

任意一张白纸上涂上自己喜欢的颜色，问这张纸空白部分占几分之几？学生在对教师发出的提问进行思索之后，便拿着白纸开始涂画，然后得出空白部分占整张纸的几分之几。

七、注重学生之间的合作交流，以提升探究学习的效率

为了能够在有限的课堂时间为学生提供更多表现自我的机会，教师在开展教学的过程中可以灵活应用合作学习的教学模式。在合作教学开展的过程中，教师也需要依据学生学习的实际情况，对所采用的教学方式进行科学考量。在合作学习的过程中，学生也可以明确自己提出的问题的高度和专业性，激发探索欲，在课堂开展的过程中能够依据教师提出的问题进行积极的探索与交流。例如，在学习"整数乘法和分数乘法"这部分内容时，教师可以提出这样的问题："整数乘法的运算定律是否能够在分数乘法运算中进行应用？"然后，学生依据之前分好的小组进行讨论，最后论证自己的结论。通过这样的教学方式，学生可以在数学理论论证的过程中获得结果，这样不仅能够有效确保学生牢固掌握所学的数学定律，而且能够让学生真正体会到数学的逻辑。

八、及时归纳小结，让学生充分体验到学习的乐趣

在学生将课堂上的探究学习任务完成之后，教师也需要依据学生的学习成果对所学的知识进行及时的归纳和总结。这样不仅可以让学生从实际体验的过程逐渐上升到理论知识掌握的过程，而且能够使学生的知识体系不断丰富和完善。在学习探究的过程中，学生从自身观察、实践等一系列的探究中可以体会到，数学问题的提出以及相关定律的形成都是从实际论证过程中获得的。例如，在对人民币相关理论知识学习的过程中，教师可以通过让学生认识人民币来掌握这单元的知识内容。教师也可以让学生在空闲的时间去超市了解一些商品的价格并将其记录下来，然后拿到课堂上与同学进行交流。教师在日常教学开展的过程中采用这样的教学方式不仅可以大幅度提高学生的探究能力，而且可以提高学生在日常生活中的数学知识应用能力。

第四节　数学课堂教学策略创新——归纳推理能力培养

《义务教育数学课程标准（2022年版）》中强调，"推理是数学的基本思维方式，推理能力的发展应贯穿于数学学习的整个过程"。归纳推理不单单从字面演绎出解决数学问题的系统过程，更是一种数学思维与能力的体现。通过归纳推理能力的培养，使学生以更加科学的态度参与数学学习活动中，以更积极的心态应对数学解题中存在的困难，能够采取灵活多元的方式思考并解决数学问题，进而为数学知识在实际生活中的应用创造有利环境。

一、数学教学中培养学生归纳推理能力的必要性

（一）素质教育发展的根本要求

在素质教育背景下，学生的长远发展成为学校乃至教师首要考量的问题，能够积极顺应社会发展变化，实现对教学模式的优化创新，使学生的素质水平更能满足社会发展需要，也成为素质教育未来的发展方向。在这一背景下，加强对学生数学归纳推理能力的培养变得尤为重要。通过培养学生的归纳推理能力，帮助学生快速养成数学思维，明确数学解题要求与路径，达到智力开发的良好效果。归纳总结是数学解析中必不可少的一种思维方式，推理即对解题的过程及思路进行推断整理，归纳则是对数学知识进行系统化的分类梳理，在帮助学生树立系统化知识体系的同时，也能够实现对数学知识的灵活应用，使数学教学在素质教育中发挥更大的效益。

（二）数学课程建设的重要目标

新课标背景下，数学教学不再是单纯的基础知识传授过程，更强调对学生个性化的挖掘与培养。最新颁布的《义务教育数学课程标准（2022年版）》中同样强调，"数学学习活动应当是一个主动的、富有个性的过程"。数学教学并非带领学生简单掌握数学符号、记忆计算公式，而是要求学生自主对学习内容展开探究，了解数学知识的推理演变过程，掌握数学学科基本原理，并能将数学知识应用到现实生活中。与此同时，《义务教育数学课程

标准（2022年版）》中也对不同学段的首要教学任务提出了建议，指出数学应通过引导学生观察、操作、归纳、推理、类比、反思等发展学生数学思维能力。

(三) 学生长远发展的前提保障

学生正处于快速发展的人生阶段，对新鲜事物保持着高度的好奇，正是兴趣培养的最佳时机。而传统的数学教学将重心放在知识普及上，忽略了学生思维的发展，进而影响到学生数学学习兴趣的养成。相比之下，加强对学生归纳推理能力的培养，强化学生对数学概念的全面深化理解，从而使学生从对数学知识的片面认知中脱离出来，实现数学知识在实际生活中的灵活运用。与此同时，归纳推理能力的培养更侧重于学生对数学核心概念的掌握。在推理过程中，学生的数学思维得到良好的调动，从被动学习转变为自主参与的角色，也能乐于自主参与数学探究学习活动中，进而为学生的长远发展奠定有利基础。

二、数学教学中学生归纳推理能力培养现状

(一) 教师对归纳推理认知泛化

从整体上讲，归纳推理可以划分为完全归纳推理和不完全归纳推理两种，其中完全归纳推理是以某一类中每一对象都具有或不具有某一属性为前提，推出以该类对象全部具有或不具有该属性为结论的方法；而不完全归纳推理则更具有普遍性，是针对某一类中部分对象的属性展开归纳推理的方法。从数学教学现状来看，多数教师对归纳推理能力的概念认知模糊。诸如，教师在制定归纳推理能力培养策略时，往往将重心放在"归纳"上，忽略了学生对数学概念的"推理"过程。与此同时，教师对"归纳"一词的理解也局限于对数学知识的简单梳理，而忽略了学生系统知识框架的形成，教学安排也失去了现实意义。

(二) 归纳推理教学要求不明确

归纳推理能力的培养既需要理论知识奠基，又需要丰富的理论实践作

为支撑。然而，由于教师普遍对归纳推理能力的培养缺乏科学认知，致使能力培养的策略缺乏理论支撑，也使得能力培养的成果不尽如人意。从教育方向上来看，多数教师未能将对学生归纳推理能力的培养纳入教育战略发展规划中，未能立足学生的长远发展展开考量，对学生归纳推理能力的培养也存在片面性问题。与此同时，教师所采取的教学手段缺乏创新性，未能与教学实际及现实生活相关联，也使得能力培养成为空谈。

(三) 归纳推理教学策略缺失

归纳推理是一种直观能力，是学习主体通过自发学习行为而形成的一种思维能力，单单依靠教师单方面的授课显然远远不够。要使能力培养切实发挥效果，必然要强调学生的学习主体地位。然而，部分教师仍然未能从应试教育的固化观念中脱离出来，一味干预学生的自主探索与学习行为，未能给予学生充分的自主学习空间与时间，导致教学效果不尽如人意。由于教师未意识到对学生归纳推理能力培养的必要性，而忽略了对数学课堂教学的优化布局，仍然以口头传授为主要教学方式，以公式记忆、题海战术等为学生主要学习途径，久而久之，学生不但无法形成系统化的归纳推理能力，反而对数学学习逐渐丧失兴趣。

三、数学教学中学生归纳推理能力的培养策略

(一) 养成观察习惯，积累数学经验

陶行知先生提出"生活即教育"，他强调"有计划的生活，就是有计划的教育；没有计划的生活，就是没有计划的教育"。知识来源于生活，教育的最终目的则是实现知识在生活中的良好应用。至此，教育与生活应成为不可分割的整体，在开展数学教学工作的过程中，也应积极强调教育与生活间的关联性。正如归纳推理能力的培养，第一步是要将教学渗透生活，帮助学生养成良好的思维习惯，进而为后续教育工作的开展创造有利条件。

(二) 科学构建例证，充实教学内容

任何一个学科的学习实则都是发现问题并解决问题的过程，例题的展

示能够帮助学生找到数学知识应用的范围与途径，并通过例题的示范掌握科学快捷的解题思路。学生具有明显的年龄与学习特征，普遍抽象思维不发达，更乐于接触并了解具象化事物。对此，教师应充分把握教材资源的优势，在此基础上对例题进行拓展，使每个知识点都能以不同的具象化方式呈现给学生，帮助学生消化与理解。

（三）探寻数学规律，合理解决问题

学生因抽象思维不强而在学习初期很难对数学提起兴趣，若教师缺乏对学生兴趣的引导，便会导致学生在学习中表现得越来越被动，最终丧失数学学习的兴趣。鉴于此，教师应以提高学生数学能力为出发点，在明确自身引导者角色的同时，给予学生广阔的自主探索空间，让学生在自主探索中洞悉数学学习的规律，发现数学的魅力，进而使数学教学真正发挥效益。

随着长方形的长与宽的增加，其周长与面积也在随之增加，而教师帮助学生掌握一些典型的长方形周长与面积数值，能够为学生日后的快速运算提供方便，并对长方形有更加清晰且深入的认知。

（四）强调兴趣引导，强化教学实践

与其他学科不同，数学因其独特属性成为数学教育的重点难点。想要学好数学，学生必须具备良好的数学思维，而兴趣引导则是帮助学生形成数学思维的有效途径。正所谓"兴趣是学生最好的教师"，在兴趣的引导下，学生学习参与的积极性提升，对数学探究的欲望也会更强。对此，教师在开展数学教学活动的同时，应进一步加强对学生兴趣培养的关注度，通过对数学课堂的优化转型，使兴趣元素更好地渗透教学中，使数学课堂迸发出新的生命力。

第四章　新时代背景下的数学课堂教学新探索

第一节　乐学理念与数学课堂教学中的深度融合

在数学教学中，要引导学生乐学，教师应该积极发挥学生在学习中的主体作用，增强课堂教学的趣味性，以此让学生在课堂上积极地配合教师的各项教学环节，进而提高数学教学效果。教师在进行教学时，也应该从学生的角度进行考虑，结合学生的认知能力和实际的学习情况，采用有效的教学方式，引导学生积极地参与课堂学习中，让学生快乐学习。

一、数学教学中引导学生乐学的重要性

首先，可以提高学生的学习效率，因为在传统数学教学中，教学效果不理想是因为学生没有学习兴趣，并且在课堂自主学习的积极性很差，对数学学习缺乏积极性和主动性，因此引导学生乐学，可以有效地激发学生对数学的学习兴趣，进而使学生积极地投入数学学习中，并自主地学习和探究数学知识，进而提高数学学习效率。其次，落实教学改革。在新课改背景下，在数学教学中传统的教学观念和教学思想已经不能适应现代的教学要求，因此必须对数学教学进行改革，而引导学生乐学，激发学生的学习兴趣，可以有效地改变教师的传统教学方式，解决传统教学中的很多问题，进而引导学生乐学，这也是贯彻落实教学改革的有效方式，使数学教学更符合学生的学习需求。最后，可以有效提升学生的自主学习能力。在数学教学中，教师会采用有效的教学方式来引导学生乐学，进而学生会对数学产生浓厚的学习兴趣，主动地投入数学学习中，在自主学习和探究数学知识的过程中有效地锻炼自主学习能力。

二、数学教学中引导学生乐学的策略

(一) 注重营造良好的学习氛围

在数学教学中，学生的学习情况和其学习氛围有很大的关系，如果学习氛围良好，学生就会更加愿意学习，并主动融入学习中，教学质量也能得到相应的提升。要想引导学生快乐学习，首先要让学生的心情放松愉悦，并且教师在教学中制定教学目标，应该从学生的角度考虑，为学生营造良好的学习氛围，如果采用传统的教学方式，会使课堂的教学氛围沉闷无趣，造成学生的学习情绪紧张，很难感受到学习数学的快乐。因此，教师在实际教学中应该尽量为学生布置少量的作业，使学生有良好的学习环境和轻松的学习心态。此外，有的教师在教学中每进行完一次测验，就会在班级中公布学生的名次，并且将学习成绩不好或者学习成绩下滑的学生告知家长，导致学生回家之后会挨家长的批评，很多学生不满教师的这种做法，因此更不愿意学习数学。所以，教师应该为学生营造良好的学习氛围，进而有效地调动学生学习的积极性，让学生在学习数学的过程中感受到更多的乐趣，真正喜欢学习数学知识。

(二) 使用先进的教学工具

由于数学中有很多数字，还有很多数学定义和公式，学生学起来比较枯燥，因此教师应该改变自己的教学方式，激发学生的学习兴趣。随着科学技术的不断进步，先进的教学设备被广泛应用到教学中。比如，在教学"统计"相关的数学知识时，教师可以使用计算机提高学生的学习兴趣，帮助学生掌握数学知识。如果在实际的教学中，教师采用传统的教学方式，用说教的方式教学很容易降低学生学习数学的积极性，让课堂变得沉闷无趣。很多数学知识比较抽象，学生学起来有一定的难度，而借助先进的教学设备可以降低数学学习的难度，进而使学生更加轻松地掌握数学知识。因此在实际的教学中，教师应该认真做好备课工作，在课前运用先进的信息技术软件制作课件，使抽象的数学知识变得形象、具体，让学生在学习中能够积极思考。此外，在网络上也有很多教学资源，教师应该充分利用这些教学资源，为学生播放一些教学视频，使教学方式更加多样化，能充分调动学生的听觉和视觉，进而激发学生学习的积极性，提高数学教学质量。

(三) 增强教学内容的趣味性

课堂教学中，教师可以通过增强教学内容的趣味性，提高学生的学习兴趣。教师可以充分采用各种教学资源，使数学教学内容不仅丰富而且具有趣味性。在实际的教学中，教师应该在课前准备好需要用到的材料和工具，并且将收集到的一些教学材料作为课堂导入的内容，在课堂上为学生展示这些教学材料，进行数学知识的讲解，进而使枯燥无味的课堂教学变得更加生动、有趣，使数学知识变得更加生动、形象，这样学生能够更加直观地学习数学知识，体会到数学学习的乐趣。比如，在教学关于"角"的问题时，为了增强学生的课堂学习趣味性，教师可以向学生展示一些生活中常见的图片或者实物，激发学生的学习兴趣。在课前导入环节中，教师可以为学生展示钟表，让学生仔细观察钟表的分针、时针和秒针，并且观察分针、时针和秒针转动的时候所形成的角是怎样变化的。结合生活中常见的一些实物拉近学生与数学知识之间的距离，进而使学生积极地融入课堂学习中，对数学知识产生学习的欲望和兴趣，并且让学生认识到角的大小和各个角之间的关系，使课堂教学内容更加生动、有趣，让学生体会到学习的乐趣。

(四) 在课堂教学中增加游戏

在数学教学中，教师应该激发学生的学习兴趣，只有学生有了学习兴趣才能有学习的动力，在课堂教学中才能保持高度的注意力来听讲，并自主去探索数学知识，进而有效地提高数学学习能力。在实际的教学中，教师可以增加数学游戏，游戏是学生非常喜爱的环节，因此采用游戏教学的方式可以有效地吸引学生的注意力。游戏的种类很多，教师可以通过游戏来帮助学生掌握数学知识，锻炼学生的思维能力，进而提高学生的综合素养。例如，在教学"两位数乘以一位数"这部分知识时，首先，教师可以准备一些纸片，纸片上写不同的算式，教师随机抽一张纸片让学生抢答，抢答正确的可以获得两分，而抢到回答机会但是回答错误的要扣一分，没有抢到也没有回答的不扣分也不得分。在课堂的最后评出班级中得分最高的学生，并给予一些物质上的奖励，而得分最低的学生也会受到相应的处罚。这样的教学活动不仅可以有效锻炼学生的运算能力，还可以让学生提高口算的速度，激发学生学习的积极性，使学生意识到计算在数学学习中的重要性。

（五）采用小组合作的学习方式进行教学

学生的年纪较小，他们在学习中没有较好的自控能力，往往需要教师不断督促，才能充分地进入学习状态中。面对这种学习情况，教师可以采用小组合作的学习方式，合理地为学生划分学习小组，保证每个小组的综合实力不相上下，使学生在小组内进行充分合作，并在各个小组中展开激烈的竞争，使学生形成集体荣誉感，帮助学生提高团队合作意识，进而在小组合作的过程中更加积极努力，为小组赢得荣誉。同时在小组成员的互相鼓励下，学生会更加自主地参与数学学习中，并和小组成员一起进行探讨和研究，学习他人的长处来弥补自己学习中的不足，进而实现小组学生的共同进步和成长。例如，在教学四则混合运算时，教师可以为学生分组，给各个小组布置学习任务，如"四则运算中有哪些运算法则"，并为各个小组出几道四则运算的习题和应用题，之后让学生在小组内进行讨论和思考。在讨论结束之后，每个小组派出代表回答教师的问题，和其他小组进行竞争和对比。对于表现最优秀的小组，教师要给予表扬和奖励，进而有效提高学生在小组中学习的积极性。通过教师的奖励，学生会增强集体荣誉感，并且在小组竞争的背景下掌握更多四则运算的法则，还可以将这些数学知识灵活地运用到应用题中，让学生熟练地掌握四则混合运算的知识，提高学生学习的积极性，使学生感受到学习的乐趣，并积极地融入小组合作学习中，真正地爱上数学学习。

第二节　互动媒介技术下的数学课堂教学探索

一、互动媒介技术下的数学教学理念

"创设必要的教学物质基础，显然是有效地和高质量地发挥教育教学过程的条件。"互动媒介技术以其鲜明的教学特点运用于辅助教学，创设了形象生动的教学情境，促进了教学形式的多样化，培养了学生自主学习的主体意识，极大地丰富了教学内容，增加了课堂教学密度，建构起新型的教学模式，充分优化了课堂教学效应。互动媒介技术与数学课堂的有机整合，能大力开发并向学生提供更为丰富的学习资源，同时也可以改变学生的学习方式，帮助学生开阔视野，打破以教材为中心的数学教学模式，从而体现出以人为本的思想理念。

(一) 教师要具有全新的教育观念

"数学运算的熟练和逻辑推理的严谨"虽然是双基的两个基本点，但归纳、猜想、创新的思维方式，广阔的数学视野，信息技术手段的运用，应该是"新双基"的有机组成部分，教师必须对此有清醒的认识。

(二) 教师要具有创新精神

互动媒介技术的引入使数学课堂变得活跃又丰富，与此同时，还产生了许多新内容，增设这些内容的主要目的是培养学生的数学素质。互动媒介技术的应用要求教师用全新的教学模式来教学，因此要求教师具有创新精神，要能够推崇创新、追求创新和以创新为荣，善于发现问题和提出问题，善于打破常规，突破传统观念，具有敏锐的洞察力和丰富的想象力，使思维具有超前性和独创性。教师自身应具备宽厚的基础知识和现代信息技术基础，形成多层次、多元化的知识结构；有开阔的视野，善于分析综合信息；有创新的数学模式、教学方法，灵活选择教学内容；有以创新思维培养为核心的评价标准等。教师需善于创设创新的自由空间，为学生提供更广阔的学习园地，指导学生改进学习方式。

(三) 教师要具有可持续发展的人格

首先，终身教育的提出要求教师把自身知识的更新视为一种责任，使"终身学习"化为教师的自觉行为。其次，学生正处于人格塑造和定型时期。社会文化中的价值取向、理想和信仰、道德情操、审美情趣等都会从教师的角色文化中折射出来，"映照"在学生的人格世界中。教师的言传身教决定了其人格对学生人格的形成有"润物细无声"的功效，这就要求教师应按社

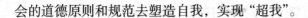

会的道德原则和规范去塑造自我，实现"超我"。

(四）教师要更新固有的思想观念

第一，教师应该认识到互动媒介技术的必要性和重要性。教师要摆脱传统的数学课堂教学模式的束缚，更新观念。第二，教师要认识到自己在互动媒介技术的数学课堂教学中的作用和地位，能够以饱满的热情投身到以互动媒介技术为基础的数学课堂教学中来。第三，教师要认识到互动媒介技术在数学课堂中的应用，教师的教学要关注每一位学生身心发展的需要，促进学生个性的发展。教师要真正理解"人人学有价值的数学，人人都能获得必要的数学，不同的人在数学上得到不同的发展"，这是新世纪数学课程的基本理念。第四，教师要认识到在未来社会中获取知识的能力比获取知识本身更重要，获取信息的方法比获取信息本身更关键。未来社会的知识结构应是信息化板块结构、集约化基础结构和直线化前沿结构。教师作为社会化的人，只有更新自己的知识和教学方法，才能适应社会的要求。

(五）教师要提高使用现代教育技术的能力

随着现代教育技术的不断发展，在新的课程标准中，已将计算机的应用引入教材，多媒体计算机辅助教学将进入课堂。这就要求教师掌握计算机工具。在助教方面，要能提出好的脚本，能使用常见的数学教学软件解决教学中的重难点，能评价课件的好坏，有能力选择好的课件，有能力在网络上获取教学中所需的信息资料等；在助学方面，教师能够组织引导学生参与数学实验。例如，利用动画技术演示几何图形变化规律，创设动画情境等。通过实践探索，使学生体验数学的思维过程。教师要能为培养学生的探索精神和创造意识提供丰富多彩的教育环境和有力的学习工具；要能指导学生使用计算器进行繁杂的计算，节省计算时间，提高学习效率。

(六）教师要在课堂中创设轻松愉悦的学习环境

既然是互动，那么学生的数学学习活动应当是一个生动、活泼、主动、富有个性的过程。要使学生积极主动地参与这一过程，教师的主要任务就是为这一过程创设一个轻松愉悦的学习环境。

　　首先，教师应该转变自己的角色。教师可以以朋友的身份参与学生互动过程当中，实现由传道、授业、解惑向组织者、引导者、合作者的角色转变。人们常说"亲其师，信其道"，良好的师生关系可以为学生创造一种民主、平等、宽松、友好的学习环境，使学生在心理轻松的状态下形成一个无拘无束的思维空间，促进学生积极、主动地探索，并产生愉悦的求知欲望，无顾忌地充分表达自己的创意。

　　例如，在学生讨论、争议不休时，教师可以说："能让老师发表一下意见吗？"以和蔼可亲的态度、商量的口气，以参与者、合作者的身份与学生共同讨论，既起到引导者的作用，又为学生创设了一种不压抑的、以人为本的学习环境，使学生在探索数学知识的同时，经历丰富的情感体验。

　　其次，教师要用自己的热情感染学生。"感人心者，莫乎于情。"在运用互动媒介技术教学过程中，教师要诚于衷而行于外，应满腔热情、精神饱满地出现在整个教学过程中，并以自身的工作态度和情感去感染和影响学生，恰当地组织教学。教师要灵活地选择教学方法，激发起学生的情感，使学生感受到教师对自己的爱，从而使学生对数学课产生兴趣。

　　最后，创设开放式的教学过程。开放式教学过程能给每个学生提供更多的参与机会和成功机会，让每个学生在主动探索中得到发展，实现人人学有价值的数学，人人都能获得必要的数学，不同的人在数学上得到不同的发展。开放式的教学过程是让学生自己发现问题、解决问题的过程。教学过程中，为激发学生的学习积极性，为学生提供充分的从事数学活动机会，教师要尽量设计探索性和开放性的教学过程，给学生主动探索的机会和更多思维空间；为满足学生的不同学习要求，使全体学生得到相应的发展，教师要充分利用教材中的练习题或选择密切联系学生现实生活的素材，运用学生关注和感兴趣的实例设计每个同学都有参与机会的开放性练习题，激发学生的求知欲，使学生感受到数学就在自己的身边。开放式的探索活动提高了学生应用知识的兴趣。

　　数学知识源于生活，并最终服务于生活，尤其是数学，几乎在生活中都能找到其原型。只要教师留心，就可利用生活中的问题设计出很多现实的、有意义的、富有挑战性的开放性练习题，使学生获得对数学理解的同时，在思维能力、情感态度与价值等多方面得到进步和发展。

二、互动媒介技术下的数学教学目标和策略

(一) 基于互动媒介技术的数学课堂教学目标

　　教学目标包括教的目标和学的目标。教学目标是对某一阶段或课时学生的学习所达到的标准提出的要求，并据此科学概括地选择适合整个教学过程的课堂教学方法安排。课堂教学目标也称为行为目标，是在课堂教学里为了实现教育目的而提出来的一种概括性的、总体的要求，是课堂教学的灵魂与核心，是课堂教学顺利进行的一个重要保证，是教师教学艺术和教学风格形成的根本。只有在正确的教学目标的引领下实施课堂教学活动，才能顺利达成课堂教学的基本要求。课堂教学目标的提出是根据学生掌握知识的能力和所具备的能力进行的。教学目标是一种教学策略，在课堂教学过程中，可以由教师根据自己和学生的需要以及课堂教学的时机来加以调整，具有一定的灵活性。

　　1. 教学目标的功能

　　首先，教学目标具有导向功能，可以适当地引导教学活动的方向，帮助教师明确学生"学什么"和教师"教什么"，有利于教师在教学过程中清醒地把握尺度、掌握方向和注意某些问题，以免教学的重、难点偏移；其次，教学目标具有规范功能，有一个明确的教学目标可以帮助教师规范教学计划和内容，而且对于教师和学生行为都有一定的规范作用，以免出现课堂教学内容泛化的现象；最后，教学目标具有调节功能，数学教学程序的设定和教学方式等的选择，均受到教学目标的制约，同时也会经常发生相应的变化。

　　2. 教学目标建立的依据

　　(1) 学生实际情况。在数学教学中，学生是学习活动的主体，是教学活动赖以存在的根本，数学课堂教学的目标必须与学生认知水平相匹配，只有这样才能使数学课堂教学达到学生的最佳发展区。假设目标设定得过高，就会容易脱离学生的学习实际，超过学生的认知水平，会导致学生在课堂上困难重重，四处碰壁，即便使出全身的力气，也无法达到教师预设的学习状态。这样的目标即使事先规划得再好，也会无疾而终，相反还会挫伤学生的学习积极性。课堂教学的目标如果过低，课堂教学的内容是学生已经把握或

者是基本把握的，那么学生即使不太努力或者只要稍做努力，就可以把握住课堂所授内容，这样学生在课堂上就失去了努力的必要。久而久之，就会对课堂的必要性和重要性产生怀疑，从而对课堂学习感到可有可无，更谈不上课堂的高效率。当然，对于不同学段的学生，教师在制定数学课堂教学目标时，也要注意他们在思维方式及能力上的差异。低年级学生以形象思维为主，由于他们的分析综合能力较低，所以在课堂教学过程中喜欢以身边的生活现象或事物为例，通过观察、体验与感悟认识事物，在教师启发、集体讨论和辨析过程中形成知识。

（2）学科特点。不同学科的学科特点和学科要求是不同的，不同学科所要求的学科能力和学科学习、研究方法也是不同的。数学学科本身就具有一定的抽象性。作为数学教育工作者，在制定教学目标时，只有根据数学学科的特点，按照学科的内在规律和要求，顺应认知规律，制定与数学学科特点相符的目标，才能达到学科教学的要求。

（3）课题内容。同一学科，不同课题的教学目标也应有所侧重。因为不同课题所要求的知识及能力的构成方式不同，学生在探究这些知识时需要投入的思维方式的重点不同，所以应根据本课教学内容的具体情况，按照学生认知规律的发展趋向，侧重在三个维度的某些方面或某几个方面予以加强，以体现课堂教学的灵活性和针对性。

（二）基于互动媒介技术的数学课堂教学策略

1. 信息化互动演示策略

在互动媒介技术系统环境下的数学课堂教学活动中，信息化互动演示教学策略是处于较低层次的，是仅仅利用互动媒介系统中最基础的信息展示功能与评价功能来展开数学课堂集体教学的模式方法，主要是以教师讲授和信息演示为主，学生接受并消化信息，然后配以恰当的教学评价和练习。例如，在数学课堂教学过程中，教师利用电子白板向学生展示各种数字化教学信息资源，并配合板书和标注等方式进行讲授，该方法使数学课堂教学活动具备多媒体教学的特点，有利于数学课堂内容形象化、生动化，也有利于学生接受和理解。另外，在应用该策略时应该注意讲解与演示文稿的紧密结合度。实际上，这种教学策略是传统教学策略的一种延伸，在数学教学的交互过程中还是以教师为中心，教师讲学生听。教师借助互动媒体环境面向学生来传授知识，并没有改变学生的被动地位，互动媒体系统中宽松的教学信息资源介入环境并没有被学生充分利用，师生互动比较少，只是增多了教师与媒体内容的互动，这显然不符合互动媒介技术环境下的教学目标的要求。

2. 协作信息探究策略

协作信息探究活动策略是指在数学教学活动过程中借助科学探究的方法使学生获得知识、感悟科学研究方法和思想的一种数学教学策略形式。在互动媒介综合系统中开展基于探究活动的数学课堂教学主要是借助其开放轻松的网络信息资源环境，容许学生及其共同体之间的相互协作，然后可以通过自己搜索、加工信息资源，从而实现数学教学目标。例如，在数学课堂教学过程中，教师可以应用互动媒介技术来创设问题情境，然后借助网络资源搜索加工信息，借助互动媒介技术来展示学生学习结果，最后再通过投票系统来判定教学效果。

3. 个别化自主学习策略

在互动媒体技术环境下的数学教学资源来源是比较广泛的，不单单局限于教师提供的资源和教材来源，还包括学生自己搜索、挖掘、整理的数学学习资源，个别化自主学习策略是需要学生充分利用互动媒介技术进行搜索和学习，形成以个别化自主学习为主的交互活动策略。此种策略是在学生与数学教学环境之间展开的活动策略，主要作用是发挥学生的主动性和积极性，提高学生的主体地位。既要关注学生对数学概念的提取和理解，又要考查学生在学习过程中的思考方式和思维策略，有助于培养学生的探索能力和学习数学的兴趣。这个策略的具体形式是趋于多样化的。个别化自主学习概念是相对于班集体学习的概念而产生的，主要强调的是学生在学习过程中自己思考和探索、解决问题。该策略主要包括以下几个过程。第一，教师可通过电子白板进行音视频与文本的双屏展示，并设置问题情境，提供典型事例，让学生进行观察和分析，运用信息标注和圈点来逐渐缩小观察范围，最后让学生将注意力集中到某一个点上。第二，学生根据现象和实际进行分析、比较，对信息进行综合思考和转换，然后提出假设。第三，根据假设，一对一地进行信息探究验证，对假设进行检验和修正，从而获得正确的结论。第四，将新的结论和发现与原有知识相联系，形成新的知识结构体系。

三、互动媒介技术下的数学教学组织与教学评价

(一) 基于互动媒介技术的数学课堂教学组织

1. 课堂教学组织的概念、特点与作用

教学组织就是为实现一定的课程与教学目标，围绕一定的教育内容或者学习经验，在一定的时空环境内，通过一定的媒介技术，教师与学生之间相互作用的方式、结构与程序。教学组织发展的特点：①教学组织形式确定化；②教学组织形式多样化、综合化；③教学组织形式个别化；④更加重视课外、校外活动。教学组织对于教学活动的质量和效果具有非常重要的影响，在教学的其他方面相同的情况下，教学组织形式的不同会带来极为不同的教学效果。采用科学合理的教学组织形式和有效的教学方法有利于提高教学工作的效率。在数学课堂教学实践过程中，是很难将教学组织与教学方法完全分开的，二者是有效结合的。在互动媒介技术背景下，数学教学改革的目标之一就是因材施教，满足学生的个别差异，实现数学教学的个别化。

2. 数学课堂教学互动

教师是互动媒介技术课堂教学过程中互动建构的主体，是建构有效数学课堂教学互动的关键。教师应积极创设有效情境，促进各种互动的形成，最终完成学生个体知识互动的实现，达到学生对所讲授内容的理解和掌握，以实现自己的教学目标。数学课堂教学的最终目的是学生对教师讲授知识的理解和把握。提高数学教学质量，转变数学教学观念，促进学生综合能力的发展是互动媒介技术背景下课堂教学的直接目标。互动在媒介技术课堂教学过程中起到至关重要的作用，特别是学生个体的知识互动决定了学生学习的有效性。因此，在媒介技术课堂教学中，教师应该积极构建有效的互动，促进学生个体知识互动的发生，从而提高教学质量和教学效率，为培养高素质人才做出努力。

（1）师生互动。师生互动是数学课堂教学过程中最基本、最常见的人际互动形式，它是指在教学情境中师生相互交流信息、思想、情感和共享信息的人际沟通活动。师生互动对于教育目标的达成、学生人格的健康发展等有着重要的作用，促使众多学者从不同的角度对师生互动进行研究。

（2）生生互动。学生与学生之间的关系，即生生关系，是课堂教学过程中另一种人际关系，这种关系影响着学生参与课堂互动的态度和行为。生生互动是指在教育教学情境下学生个体与个体、学生个体与群体、学生群体与群体之间的活动。同学交往对个体参与课堂互动及个体发展既有积极的影响，也有消极的作用。安德鲁与南茜指出，青春期个体不是受同伴实际做了什么或是说了什么的影响，而是受自己认为同伴会对他们的做法有什么反应的影响。托兰斯在他的研究中指出，中学生使自己与别人保持一致，这种强大的随俗压力，导致中学生的畏惧心理超出正常范围。

（3）个体知识互动。第一，教师个体知识互动。在多媒体课堂教学之前，虽然教师做了大量准备工作，但是在课堂上往往会遇到一些具体教学情境和问题，需要教师根据学生及授课的实际情况及时调整授课内容、教学方法、教学步调等。在这种情况下，教师所具有的特定学科知识、教育学与心理学知识和所面临的具体课堂情境之间相互作用，即教师个体知识互动，为成功进行课堂教学提供恰当的教学方法、知识体系。第二，学生个体知识互动。课堂教学过程既是教师教的过程，也是学生学的过程。心理学家维特罗克认为，在学习过程中人脑并不是被动地学习和记录从外界输入的信息，而是通过长时记忆对信息进行选择和推断，主动地建构对信息的解释。可以说，建构主义的核心思想就是人们基于已有的知识去建构和理解新的知识。每个学生都以原有的经验系统为基础对信息进行编码，建构自己的理解，而原有的知识又因为新经验的进入而发生调整和改变。所以，学习并不是简单的信息积累，学习过程也不是单纯的信息输入、储存和提取，而是新旧经验的冲突引发的观念转变和结构重组完成"同化"和"顺应"的过程，这就表明学生的学习过程也是学生个体知识的互动过程。在分析多媒体课堂教学的教学效果时，我们除了注重分析课堂教学过程中的人际互动外，更应注重学生学习过程的本质，将课堂教学过程中的个体知识互动纳入影响多媒体课堂教学效果的因素。

3. 运用互动媒介技术进行"系列提问"的教学法

运用互动媒介技术进行"系列提问"的教学法产生的初衷就是解决组织教学的问题。互动媒介技术环境下的传统教法死而不活，只有教师单方面的活动，不能调动学生积极性，学生的主体地位不能体现，课堂教学组织呆板单一。而某些探索中的新教法则活而易乱，虽然在开展双边活动等方面有积极意义，但师生双方的活动与作用往往不能互为因果、融为一体，课堂内外活动不能自然衔接，课堂教学的组织也不够严谨。

为了解决这个组织教学的形式效果上的问题，需要有效运用互动媒介技术，在数学课堂教学过程中进行有效的互动。这一教法贯穿从宏观组织设计到课堂组织实施的整个组织教学过程。它的整个实施程序大致可分为以下几个步骤。第一步，教师备课，设计"系列提问"。即根据教材知识的内在联系运用互动媒介技术设计出有连贯性、循序渐进的一系列问题。第二步，学生在教师指导下进行课外自学。即按教师布置的复习、预习题（系列提问）复习旧课、预习新课。第三步，"系列提问"的课堂实施。即教师设计问题、学生回答、教师归纳。这是师生在课堂内的共同活动，经过若干次自然过渡的循环，使师生的共同活动渐次深入，最终通过"系列提问"的实施完成整个课堂教学。这种教法作为组织教学的基本方法之一，既调动了学生的积极性，并通过教师的指导突出了学生进行自学的主体地位，实现了"教学"向"导学"的转变，又做到了有布置有检查、有散有集、有分有合，充分体现了统一指导下的分散学与群言堂的集中学的有机结合，达到活而有序、课堂内外活动衔接紧凑。同时，难度分散为教师课前的"备"与学生课前的"学"，师生课前同用功，把投入的学习精力由课堂分散到课外，"果"在课堂，"功"在课外，真正实现了各种教学活动在内涵上的结合。特别是从宏观组织教学来讲，这可以说是组织教学的一个比较好的方法。

（二）基于互动媒介技术的数学课堂教学评价

1. 对于信息化互动演示策略的教学评价

演示性的数学教学交互活动的实践总结显示，无论是在信息化互动演示的数学教学过程中，还是在传统的多媒体或者黑板展示的数学教学策略下，都应该注意以下几点。首先，在互动媒介技术环境下的数学课堂教学过程中，教师应该注意语言讲解与演示紧密结合，让学生以视听结合的方式理解和接受知识，从而形成长时间的记忆；其次，数学科目本身就具有一定的抽象性，需要一定的逻辑思维，所以教师应该根据所教学生的心理特点来适当、适度地进行演示，并活用演示材料，充分利用和发挥演示教学的艺术性，运用恰当的演示信息来调动学生的兴趣和积极性；最后，在数学教学过程中，利用互动媒介技术演示前要利用简洁、有力度的引言，以此来激发学生的观摩欲望，一个良好的开端有利于吸引学生去认真观察和思考。互动媒介技术数字化的特性使得教学活动具备了计算机多媒体教学的特征，可以有效运用动画、文字、视频、图形等多媒体信息，使数学课堂的教学内容变得生动、具体、直观，能够更多地演示还原。但是和计算机多媒体技术演示教学相比，互动媒介演示教学不仅能够随意控制进度，而且利用互动媒介技术还可以方便地进行圈点和标注，帮助学生更好地掌握重点、突破难点。

2. 对于协作信息探究策略的教学评价

在协作信息探究策略的指导下，学生的积极性可以被充分地调动起来，主动参与数学课程的学习中来，使学生的主体地位得到明确。在进行资源搜索、分析、加工的过程中，学生的信息素养得到培养，获得终身学习的能力。由此可见，这是符合信息化教学与信息化基本目标需求的一种策略模式。这种教学模式可以拓宽学生的视野，发挥其想象和思考的能力，更重要的是可以增强教师和学生之间的互动性。而且人机交互的机会比较多，能够充分发挥互动媒体综合系统提供的各种操作功能。教师们可以利用媒介技术来提出问题和创设情境，而学生可以利用网络环境搜索相关信息，同时可以利用媒体来展示学习的成果。除此之外，还可以通过投票系统来评判学生的学习成果。但是，这种模式需要学生花费较多的时间和精力在数学学习上，不利于学生全面、系统地掌握数学学习技能，而且不利于学生综合平衡发展。数学理解力和基础性较差的学生会觉得无所适从，容易给学生造成一些心理障碍，导致其对学习数学失去信心。由于网络信息量比较大，很多学生的自控能力比较差，容易在网络中迷失自己，所以在这种模式中需要教师对数学学习主题进行合理的设计和正确的引导。因此，应用协作信息探究策略应该注意以下几个方面。

（1）正确处理好教师指导与学生自主之间的关系协作。探究过程是强调学生间的自主和协作性，但是这并不等同于放弃教师的指导，而是更应该强调和注重教师的有效指导。如果教师的指导介入过晚，容易造成学生长期处于一种无助的状态，不利于激发学生学习数学的兴趣；如果介入过早的话，会导致学生探究时间不足，没有办法吃透数学内容信息。所以，教师需要适时地进入指导工作。

（2）注重学生之间的交流。学生之间的相互沟通和倾听实际上有助于学生摆脱以自我为中心的思维倾向，在讨论中能更清楚地认识自己并及时进行自我反思，通过讨论可以让学生认识到自己在学习数学过程中的优势与劣势，相互合作完成更复杂的任务。教师可以合理利用投票系统对学生的探究做出相应的评价，但是评价的目标不是对错，而是应该让学生认识到自己与同学之间的差距。

3. 对于个别化自主学习策略的教学评价

个别化自主学习策略的最大特点就是给予了学生学习数学的自主性。也就是说，学生自己确定好数学目标或者根据数学课程资源中给定的教学目标，借助互动媒介技术的优势来自主选择课程内容和学习方法，制订自己的学习计划，进行自我反思和测试自己的学习成绩。该教学策略给学生带来的最大的转变就是学生学习数学由原来的被动变为主动，能在一定程度上提高学生学习数学的能力。而且学生可以根据自己的数学基础和学习进度来选择自己学习数学的时间和地点，不用刻意跟所有人的教学内容和教学进度保持一致，相对来说学生选择学习数学的时间和空间的灵活性比较大一些。

但是所有的事物都是具有两面性的，所以该策略还是存在一定的缺陷。每个人对于事物的理解和对问题的认识深度都是受自身条件限制的，不可能所有的学生都能达到一致的学习水平，而且学生学习数学的动力主要是依靠自身的求知欲望和好奇心等个性因素。如果学生在学习数学这方面有一定的欠缺的话，那么肯定会降低学习效率。另外，如果单纯地运用这种课堂教学策略，则会导致学生之间、师生之间缺少一定的沟通和交流。学生局限于自己的思考范围，既不利于学生学习数学，也不利于教师及时了解和掌握学生的学习质量。

根据该种策略的利与弊，为了能够使学生更好地进行学习，教师在进行学习资源设计与管理时，不应该单纯设计知识性技能信息和情境问题，也应该将对于学习目标和学习策略的建议等方面的信息包含进去，还要提供辅助性的交互环境和个别辅助机制，注意引导学生的个性化学习。

总体来说，在互动媒介技术下运用个别化自主学习的数学课堂教学策略时应该注意以下几点。第一，重视学生学习环境的分析与设计，通过环境这一外在因素来促进学生主动学习数学和构建数学知识框架。所以，对于互动媒介技术环境功能的具体应用形式和设计是必要的。第二，提供明确的目标和恰当的管理评价内容。在自主学习过程中学生学习数学的最终目的是对知识体系的构建，这就需要有一定的目标来引导学生进行学习，也可方便他们及时检验自己的学习成果，实现自我反馈。第三，不能忽略教师的指导。只要是课堂教学，就离不开教师，而且教师是学生学习和活动的组织者，所以教师要对学生知识体系的构建起到一定的指导作用。

互动媒介技术下的数学课堂教学是未来教育发展的一个重要方向，在技术上还需要进一步研发并推广。但是同时我们也应该看到互动媒介技术的数学课堂教学应用对于促进教学以及改善数学课堂教学结构等方面所提供的有力保障。作为一个新生的媒介技术应用形式，现阶段对其研究还并不是很完善，在未来很长的一段时间里还需要我们进一步去研究和完善，还需要我们所有的教学工作者为之付出努力。

第三节　微课在数学课堂教学中的实践应用

随着互联网时代的到来，微课教学也随之进入课堂。微课教学在课堂得到充分运用的情况下，教师的专业知识不仅可以得到提升，教育观念得到新思想的洗礼，还为学生提供了一个积极学习的空间。微课教学正以互动性强、信息传播速度快的特点影响着高效课堂教育。在当今社会背景下，发展微课教育是课程改革的必由之路，也是互联网时代进步的要求。

一、微课在数学高效课堂构建过程中的重要意义

在数学教学过程中，教师科学合理地运用微课视频进行辅助教学，能够有效调动学生学习数学的积极性和探索欲望，让学生能够自主地对数学知识进行深度探究。在数学教学过程中，教师可以合理地运用微课将数学教学中的课前预习、课中讲解和课后巩固三个重要环节进行有机融合。运用微课视频引导学生进行高效的课前预习，能为学生接下来的课堂学习打下坚实的基础；在课堂教学过程中，教师可运用微课视频将抽象的数学知识转化得更

加形象具体，加强学生对数学课堂知识的理解；在课后，教师则可以运用微课视频引导学生进行课后巩固，使学生可以及时消化课堂学习的知识，同时也为学生今后的数学学习打下良好的基础。教师通过运用微课视频将数学教学中的这三个重要环节进行连接，能保证学生的数学学习效率，从而使数学高效课堂构建的教学目标得以实现。

二、基于微课的数学高效课堂的构建策略

(一) 运用微课引导学生进行课前预习

课前预习是学生进行新知识学习的起点，也是教学过程中的重要环节之一。在数学教学过程中，教师可先让学生进行有效的课前预习，熟悉课堂教学内容，这对接下来的课堂学习能起到事半功倍的教学效果。教师在教学过程中科学合理地运用微课，引导学生进行课前预习，能够帮助学生在预习过程中快速找到预习的重点，从而提升学生的预习效率。例如，在学习人教版数学五年级上册"小数乘法"一课时，教师在进行课堂教学前就可以提前将该课的重点内容录制成微课视频，通过网络发送给学生，让学生根据微课视频对教材上的知识进行梳理，以保证学生的预习效率。教师通过利用微课视频引导学生进行预习，不仅可以保证学生的预习效率，还能有效提升学生的自主学习能力，让学生逐步掌握预习技巧。这对学生数学技能的提升具有非常重要的意义。同时，教师通过引导学生进行课前预习，能让学生在课堂上快速进入学习状态，进而提升学生在课堂上听课的效率，从而实现数学高效课堂构建的教学目的。

(二) 运用微课加强学生对课堂知识的理解

在数学课堂上，教师科学合理地运用微课视频能让数学教学模式得到更新，从而丰富课堂教学形式，真正做到与时俱进、开拓创新，使学生在课堂上的注意力能高度集中。不仅如此，教师运用微课视频还可以将复杂的数学知识简单化，进而加强学生对数学课堂知识的理解，保证数学课堂的教学效率。例如，在学习人教版数学五年级上册"位置"一课时，教师在教学过程中就可以利用多媒体为学生播放提前制作好的动漫微课课件："今天张亮

他们班开家长会，可是他爸妈找不到他的位置。"然后，教师利用多媒体为学生展示一幅张亮班级座位的全景图，让班级学生帮助张亮的父母找到他的位置。教师运用微课课件并以动漫的形式进行教学可以有效吸引学生的注意力，调动学生课堂学习的积极性，促使学生能够在具体的情境中认识行、列的含义，知道确定第几列、第几行的规则，初步理解数对的含义，会用数对表示具体情境中物体的位置。而且，教师通过让学生经历由语言描述实际情境中物体的位置到用数对表示具体情境中物体位置的过程，能让学生理解用数对确定位置的方法，体会到数形结合的数学思想，培养空间观念，使学生可以高效地掌握数学课堂知识。由此可见，在数学教学过程中，教师科学合理地运用微课进行辅助教学能够有效加强学生对课堂知识的深度理解，进而加快数学课堂教学目标的实现。

（三）运用微课进行课后知识的巩固

在数学教学过程中构建数学高效课堂，教师不仅要把控课堂时间，还要充分利用课后时间，让学生在课后能高效地巩固课堂知识。这样一来，学生才能透彻地理解课堂教学的知识。只有让学生将数学课堂的知识彻底消化，才能真正实现数学的高效课堂。由于课堂时间有限，教师很难保证每一个学生在课堂上都可以把课堂知识消化掉。因此，教师就需要在课下引导学生巩固课堂知识，以保证学生的数学学习效率。这也为学生今后的数学学习打下良好的基础，让学生在今后的课堂学习过程中能全身心地投入数学探究中来。在数学教学过程中，教师可以运用微课来引导学生进行课后复习，让学生在课后能及时消化课堂教学中的重点知识与难点知识，从而逐步提升学生的学习效率。例如，在学习人教版数学五年级上册"小数除法"一课时，教师在给学生讲解完课堂知识以后，就可以将课堂上的重点知识和难点知识录制成微课视频，让学生在课下通过微课视频进行二次学习，及时消化在课堂上没能消化的课堂知识，深刻掌握小数除以整数的计算方法，并理解商的小数点要与被除数的小数点对齐的道理，使学生掌握课堂教学内容，为学生今后的数学学习和探究打下良好的基础。

三、数学高效课堂应用微课教学的优势

(一) 学生可根据自身实际学情来确定学习进度

教师将教学视频分发给学生，学生可根据自身的实际学情来确定自己的学习进度，不用像传统的学习那样只能跟着教师的进度走，而是有自己的步伐。在视频学习中，学生可对简单、易学的知识调整视频进度，加快播放，而对自己不懂的问题可重复播放，直到看懂看明白为止，这种形式在传统教学课堂是不可能实现的，这也是微课教学最大的优点。微课教学资源重复使用率极高，有针对性地展开教学可以使学生在学习中更容易得到教师的帮助。

(二) 培养学生的自学能力和团队合作意识

在微课教学的讨论环节，很容易激起学生的思维火花，激发学生的创新意识，给学生留有广阔的空间，允许其与众不同的想法存在。教师应该经常鼓励学生大胆提出问题，敢于质疑一切。既设立小组讨论，又进行集体评议，可以使平时胆小的学生得到锻炼，胆大的学生提出新想法、新思路，人人都有发言权，都有发言的欲望。随着教学改革的不断深化，数学的教学工作也日益重视学生的能力培养和素质提高，传统的应试化教育随着时间的推移已经越来越不适应社会教育的发展要求。随着网络技术的发展，微课教学的出现并带来了良好的教学效果，教师应该积极应用微课进行数学高效课堂的构建，促进教学效果和学生素质的提高。

第五章　数学课堂教学评价研究与探索

第一节　数学课堂教学评价的理论概述

一、数学教学评价的作用

客观、公正而科学的课堂教学评价能充分发挥评价的诊断、反馈、导向、激励、调控等功能，对探索数学教学规律，发展数学教育理论，提高教师的教学水平和学生的学习质量都具有十分重要的作用。

(一) 诊断教学过程

诊断教学过程是数学课堂教学评价的首要任务。通过评价发现课堂教学中影响教学质量的主要因素，考查教师是否以学生学习的促进者、指导者和合作者的姿态出现在课堂上，采取的教学策略是否能引导学生积极、主动地参与学习，是否能使教师与学生、学生与学生之间保持有效互动，是否能为学生主动建构数学知识提供学习材料、时间及空间，能否使学生获得对数学知识的真正理解，教师是否关注了学生对自己以及他人学习过程和结果的反思，教学是否重视了学生终身学习的愿望和能力的发展。

同时，课堂教学评价还要关注师生在课堂中所获得的情感体验，由此充分发挥课堂教学评价的促进功能和发展功能。

(二) 改进教学工作

改进教学工作是开展课堂教学评价的主要目的之一。课堂教学评价可以发现课堂教学中师生双方教与学行为的不足，找出出现偏差的原因，并充分肯定课堂教学中有利于师生进行教与学的策略，以达到纠正偏差、改进教学、强化好的教与学方式的目的。例如，在评价中发现教学过程只注重学习结果而不重视学习过程时，就要帮助教师调整教学行为，以目标来管理或评定整堂课中的每一个环节或片段，从而促进教师采取讨论式、探究式、合作交流等方式教学，让学生在积极主动的学习活动中更好地理解数学知识的形成过程，加深学生对数学知识的理解，逐步提高其掌握水平。

(三) 提高教学效率

提高教学效率是开展课堂教学评价的根本目的。课堂教学是提高教学质量的主要阵地，课堂教学效率的高低直接影响整个教学质量的提高。假设"课堂教学质量＝教学目标 × 教学策略 / 有效教学时间"，那么在评价中我们就可以从教学目标的适合程度、教学策略的优化水平、教学时间的有效利用等方面去衡量数学课堂教学的效率和质量。

二、数学教学评价的基本理念

(一) 教学评价指标——重综合评价，关注个体差异，确立多维标准

数学教学评价要关注学生的个体差异，保护学生的自尊心和自信心。教师要善于利用评价所提供的大量信息，适时调整和改善教学过程。这种由侧重"定量评价"向侧重"定性评价"的人文性转变，将对学生的数学学习活动产生积极的影响。值得一提的是，教师还应善于利用评价过程中生成的丰富信息，作为随时调整教学进程的有效资源。就评价标准而言，数学教学评价不再以传统意义上的成绩和分数为标准，而是要从知识与技能、过程与方法、情感态度与价值观等多个课程目标维度给出学生评价的多元标准。根据课程目标，既要有共性发展的一般标准，也要考虑学生个体间存在发展的差异性和个体内发展的不均衡性，有适合个体差异和个性发展的个性标准。

(二) 教学评价方法——强调质性评价，定性与定量相结合，实现多样化

随着评价内容的综合化，以量化的方式描述、评定一个人的发展状况就会表现出僵化、简单化和表面化的特点，且学生的个性特点、学生的努力和进步难免被埋没在一组组抽象的数据中。对于教育而言，量化的评价把复杂的教育现象简单化了或只是评价了简单的教育现象，事实上通常丢失了教育中最有意义、最根本的内容。而质性评价的方法却以其全面、深入、真

实再现评价对象的特点和发展趋势的优点受到欢迎，成为近三十年来世界各国课程改革倡导的评价方法。需要强调的是，质性评价从本质上并不排斥量化评价，它通常与量化评价结果整合应用。因此，将定性与定量评价相结合，应用多种评价方法，将有利于更清晰、准确地描述学生、教师的发展状况。每种评价方式都具有各自的特点，教师应结合评价内容及学生学习的特点，选择适当的评价方式，以考查学生的学习情况，反映学生的进步历程。教师可以从基础知识的掌握情况、完成作业的认真程度、解决问题的能力和合作交流的技能四个方面进行考查。例如，可以从作业中了解学生计算技能掌握的情况，通过课堂观察了解学生学习的态度，从成长记录中了解学生提出问题和解决问题的意识和能力，从小组讨论中了解学生合作交流的意识与技能。下面我们给出建立个人学习档案的操作方法：①学期初把建档的事宜向学生及家长说明，让学生和家长都能明确建档的目的及意义。②各科教师要认真计划建档问题，选择不同的建档形式。③一般按一个单元或一个学习主题收集材料。这些材料应是学生平时完成最好的作业、最好的作文、优秀的美术作品、摄影照片、音像资料、社会实践调查报告、研究报告，乃至各项竞赛的获奖证书。④学生自己管理档案。

第二节 数学课堂学习的评价

一、课堂学习评价的意义

(一) 学习评价的含义

学习评价也称为学习评定，是对学习行为的价值做出判断的过程。它主要包含对学习过程的评价以及对学习结果的评价两个方面。前者既指学生的学习过程，也指教师的教学组织过程，也就是说，前者既包含对学生的学习过程的评价，也包含对教师的教学组织过程的评价。而后者通常也被称为学业成就评价。从评价的含义可以发现，评价与测量和测验这两个概念有着密切的联系。一般来说，测量是评价的重要手段，评价是以测量的数据为基础的，评价就是对测量的数据进行解释的过程。而测验则是测量的重要工具之一，即测量所需要的数据在许多情况下是通过测验获得的。由于人们对教育本质的认识不断深入，现代教育科学研究不断发展，一个重要的由价值取向变化而带来的策略变化就是，访谈以及观察等方法已经逐渐发展为测量的另一种重要工具。

(二) 学习评价的目的

对数学学习过程中教师与学生的活动质量进行判断，以改善他们的行为方式和行为策略；对学生的数学学习成就和进步进行判断，以激励他们进一步参与数学的学习过程之中；为教师与学生参与课堂学习提供诸如行为方式、策略以及手段等方面的信息反馈，以帮助他们随时修正或发展；使教师与学生进一步明确数学学习的预期目标，并为达到这个目标而共同努力；促进教师对学生的学习方式、行为方式以及情感的认识，提高学生的数学价值观、学习态度和学习情感参与度。

(三) 学习评价的价值

当今的数学教育追求的是学生数学素养具有可持续特征的发展，因此评价已经不再仅仅关注每一个个体在某个群体中的位置了，更关注的是每一个个体具有独特性的学习状况。从这个角度看，一个有效的学习评价，至少应具有如下一些价值。

1. 导向价值

评价是对学习行为与结果的一种价值判断，而评价的目的、评价的方式、评价的内容及评价的手段无一不显示着对教育的一种价值取向，因而评价也就具有了对学习的一种导向作用。例如，如果将评价的重心放在了教师是否将知识点讲述清晰，就会引导教师在课堂教学的组织过程中将教学的关注点集中在自己的教授上面。反之，如果评价的重心是在教师是否准确把握对数学知识的理解和对学生数学学习理解的节点上面，就有可能引导教师在教学过程中更多地关注学生在课堂学习的反应活动。同样，当评价量表的重心是在对数学知识的再现与再认的话，可能就会引导学生将学习的重心转移到对知识的简单识记上。而如果评价量表的重心更多地表现在问题解决上面，可能就会引导学生将学习的重心转移到对数学的理解与运用上。

2. 反馈价值

一个有效的学习评价应具有提供整个学习状况信息反馈的价值，使教师与学生都能通过这种学习评价了解自己的行为在方法和策略等方面存在的问题，从而积极主动地调整自己的行为，以最大可能地达到课程目标。

3. 诊断价值

评价的一个重要功能就是要能获得对学习过程与学习结果的科学诊断。所谓科学诊断，指不仅要能诊断出学习的效果，还要能诊断出学习过程中的方法、情感、策略等方面的问题。从这个角度看，一个良好的评价要对学习的知识与技能、情感态度与价值观、问题解决能力三个方面的表现与形成，都能做出某种诊断。

4. 激励价值

合理的评价目标，良好的评价方式，应该能对师生的数学学习产生巨大的内驱力。

5. 研究价值

良好的学习评价不仅仅是去判断学习的结果，还在于能为教师的教学组织研究和学生的学习方式研究提供平台。要使学习评价具有这样的价值，那么一个良好的学习评价还应该具有促进每一个个体（教师或学生）不断地进行过程反思的作用。

二、课堂学习评价的分类

学习评价按照不同的划分标准，可以从不同的角度进行分类。不同的评价类型不仅反映着不同的数学教育价值观，还反映着不同的评价技术。

（一）从评价的取向角度分

按评价的取向划分，学习评价主要可以分为目标取向的评价、过程取向的评价、主体取向的评价三类。

1. 目标取向的评价

所谓目标取向的评价，就是把评价视为将教学结果与预期目标相比照的过程。因此，预期的教学目标就成为评价的唯一标准。这种评价的基本方法就是先通过陈述一个被确定的预期行为目标，然后运用某种方式（如测验）

来获取结果与这个预期目标之间距离的数据，从而以"量"的角度做出价值判断。这种评价方法的特点就是将评价的操作过程以"量"的刻画方式进行简化，但是由于它将评价者与被评价者做了主、客体之分，因而非常容易忽略被评价者的主体性，并忽略评价过程本身的价值。

2. 过程取向的评价

所谓过程取向的评价，就是将教师与学生在教学过程中的所有状况都纳入评价的范围之内，此时，评价的过程也具有了价值，因为它强调了评价者与被评价者的交互作用，强调了评价者与评价情境的交互作用。可见，这种评价不仅关注习得的结果，也关注师生在习得过程中的表现。

3. 主体取向的评价

所谓主体取向的评价，就是将评价看作评价者与被评价者、教师与学生共同意义的建构的过程，强调不仅是教师，学生也是评价的主体，强调在评价过程中每一个主体进行反思的意识与能力，强调评价价值的多元性和评价方法的多样化。当然，这种评价需要学生以一定的参与能力（包括自我反思的能力）作为基础。因此，在数学的教学评价中，还需要处理好教师主导作用与学生主体作用之间的关系。

(二) 从评价的方法论角度分

1. 量化的评价

量化的评价，其哲学基础是科学实证主义，它强调从数量的分析出发来推断或判断某一对象的成效。其特点是，通常在评价之前已经确定了一个明确的、具体的、可以量化的目标，并将这种目标通过"细化"的方式陈述出来，然后再以"量"的表述方式来刻画某一个体与这个目标之间的距离。

2. 质性的评价

质性的评价，其哲学基础是自然主义和人本主义，它强调评价的主体取向，即强调评价是对主体进行多元价值判断的过程。其特点是，非常关注每一个个体在学习过程中的所有表现，并通过描述的方式去刻画对象的各种特质。需要说明的是，在现代课程与教学中，不能简单地将量化评价和质性评价看作二元对立的评价方式，较好的办法就是整合两种评价取向，即在强调结果的同时，又强调过程，主张"凡是具有教育价值的结果，不论它是否与预期的教学目标相符合，都应受到教育评价的支持"。

三、课堂学习过程评价的方法

(一) 形成性评价

形成性评价即过程评价，课程标准中对过程性目标的要求，使用了"经历 (感受)、体验 (体会)、探索"三个层次来刻画学习水平。我们在数学学习过程中对此评价应包括以下几个方面的内容。

1. 课堂观察评价

评价学生对学习情境的回答以及对回答的分析和对结果的解释。数学学习过程评价的具体方法为：课堂观察评价、成长记录袋评价、数学日记等。其中，课堂观察评价主要是教师对学生课堂学习过程的评价。在评价的过程中，既要注重对学生数学学习结果的评价，又要注重对学习过程的评价；既要注重对知识和技能的理解与掌握的评价，又要注重对发现问题、提出问题、解决问题和反思问题能力的评价和学生在学习过程中的情感与态度的形成与发展的评价；既要注重对学生自己学习能力与水平的评价，又要注重与他人合作与交流能力的评价。一般地，课堂观察评价的维度有以下四个：①情感与态度。②知识与技能。③思维与方法。④交流与合作。每一个维度中又包括几个评价因素，每个因素中又分为 a、b、c 三种水平。整个课堂观察评价可以使用"课堂观察检测表"。

2. 成长记录袋评价

成长记录袋评价又称档案袋评价，如班级教学日志、学生学习日记等。档案袋评价必须包括两个方面：一是标准格式，二是全过程记录。比如，个别学校认为把一些优秀作业及成绩单放入一个袋子就是档案袋，其实并非如此，档案袋评价必须有一个对学生的全过程记录，如一节课的课堂表现等。因此，成长记录袋评价是对学生阶段学习过程的评价。学生通过建立自己的成长记录袋，记录自己学习过程中遇到的困难、点滴经验、思想状况等数学学习情况，再通过反思总结，全面了解自己的学习过程，感受自己的不断成长和进步，增强数学学习的自信心和对数学学习的兴趣，从而更加积极主动地去学习数学。成长记录袋作为一种物质化的资料在显示学生学习成果，尤其是显示关于学生持续进步的信息方面具有重要作用。它不只是收集学生作品的档案袋，而且是更有意义地收集学生迈向课程目标的、与成长和发展相关的作品样本。

使用成长记录袋作为数学学习评价结果的一部分，具有以下几个优点：①使学生参与评价，成为评价过程的一部分。②使学生、家长和教师形成对学生进步的新看法。③促进教师对表现性评价的重视。④便于向家长展示，给家长提供全面、具体的关于孩子数学学习状况的证据。⑤将数学的教学重点集中在重要的表现活动上。⑥有助于评价数学课程和教学需要改进的方面。⑦提供诊断用的特殊作品或成果，为实施因材施教提供重要依据。⑧汇编累积学生的学习证据和看法，全面了解学生的数学学习过程。

建立和维护成长记录袋需要做好以下工作：①开始时，小一点、简单一点。尤其当班级里有很多学生的时候，成长记录袋的建立是一项巨大的工作，不能操之过急，也不能求全求大。②让学生和家长了解成长记录的重要性，并及时向学生和家长说明保存这样一份成长记录的目的。③成长记录必须让学生看到。在教室里设置一个合适的位置用于保存这些成长记录。④在课堂上要留出时间给学生维护成长记录的工作。指导学生对自己的作品进行分类和选择，这些作品可以是学生完成表现性任务的记录，也可以是学生对一个数学问题的精彩回答，还可以是一份重要的数学测验结果。⑤填写一份简明的内容目录。

完成这些工作以后，成长记录袋就可以开始发挥很好的诊断性和形成性评价的作用了。教师可以通过引导学生自己在成长记录中收录反映学习进步的重要资料，如最满意的作业、最喜爱的小制作、印象最深刻的问题、在日常生活中发现的有意义的数学问题、解决问题的方案和过程、解决问题过程的反思、阅读数学读物的体会、活动报告或数学小论文等。另外，成长记录袋的内容还可以设计成包含学期开始、学期中和学期结束三个阶段的学习资料，以反映学生数学学习的进步历程，增强他们学好数学的信心。

成长记录袋中的材料应让学生自主选择，并与教师共同确定。事实上，让学生参与成长记录袋建立的整个过程与其中收录的内容一样重要，这有助于培养学生对自己的数学学习进行调控的能力和负责的态度。对高年级的学生，有时候还可以要求他们自己写一份关于所学知识和方法的总结。通常一学期所学的数学内容被分割成若干部分，通过成长记录袋可以为学生创设一个整合的情境，让他们从整体上看到数学各部分知识间的联系以及这一册数学书的全貌。直到学期结束时，一份完整的成长记录袋中至少需要包含以下作品：3 份教师布置的家庭作业、3 份数学日记、2 份测验、2 份课堂笔记、1 份个人完成的项目（调查、制作等）、1 份小组合作完成的项目（调查、实践活动、制作等）。当然，在指导学生收集和建立成长记录袋时，可以不局限于以上所要求的作品的数量和范围，尽量体现学生在数学方面的个性特点。到学期结束时，要求学生从中选出 5 份作品代表他 / 她这学期的学习情况，并最终保留在他 / 她的成长记录袋中。

3. 数学日记

数学日记是通过学生记录自己学习数学的过程和体会，了解和评价学生数学学习方面表现的一种评价方式。数学日记不仅用于评价学生的数学学习，而且用于评价学生的数学思维方式。通过日记的方式，学生可以对各自所学的数学内容进行总结，可以像和自己谈心一样地写出他们自己的情感、态度、困惑及感兴趣之处。数学教育的目的之一是要发展学生数学交流的能力，而写数学日记无疑提供了一个让学生用数学的语言或自己的语言表达数学思想、方法和情感的机会，而且数学日记还可以发展成一个自我报告，用来评价自己的能力或反思自己的问题解决策略。从这个意义上说，数学日记有助于教师培养和评价学生的反省认知的能力。

一般说来，大多数学生会发现这种形式的写作有些困难，所以刚开始的时候教师可以要求学生写一写他们是如何解决某一个问题或记录某一天的问题解决的活动的。比如，可以要求学生给一个朋友写信，谈谈自己所在的数学课堂上的活动；或者设想一个比自己年级低的同学，想办法用比较简单易懂的语言向他解释如何去解决某一个问题等。教师们还可以给学生提供一些指导语，以帮助学生写好数学日记。比如：①请描述一下我们班级开展的理解"一百万究竟有多大"的数学活动。②你来当小教师！现在，你要教一些一年级的学生学做两位数的减法。列出你要采用的例题和将使用的材料。你将对他们怎么说以及让他们怎么做。③0.307 和 0.327 哪个小数与 12 最接近，你是怎么知道的？向大家证明一下。④分数和小数有什么关系？请举例说明。数学日记是数学学习过程评价的重要形式之一，它可以帮助学生养成良好的数学学习习惯，自觉反省课堂学习，使数学课堂学习在课外得到延伸。

(二) 表现性评价

表现性评价是学生完成具有一定现实情境的任务，以此来考查学生数学学习状况的评价方法。用于表现性评价的任务也称表现性任务，一般是现实生活中的实例和应用，是经过精心设计的、具有情境的具体任务或活动。

完成表现性任务通常要求学生将概念的理解和数学能力的运用相结合。通过对学生完成表现性任务过程的考查，可以评价学生多方面的表现，包括相关的知识与技能，对实际问题的理解水平，在完成任务时所采取的策略，表现出来的态度与信心，以及广泛利用各种知识解决问题的能力等。表现性评价的核心是通过学生解决一个具体的表现性任务，了解学生多方面的表现。

表现性评价可以用于不同年级，数学教学中运用表现性评价的价值表现在以下几个方面。一是考查学生多方面的表现。在表现性评价中，不只是考查学生的知识与技能，学生在学习过程中的参与程度，学生的主动性与创造性，学生思维的深度与广度，以及学生实际生活的经验和能力等都可以展现出来。表现性评价不是单一的标准，而是通过多元的和多视角的标准对学生各方面表现进行考查。二是体现知识与技能的综合运用。在表现性评价中，面对一项具体的任务，一般不是靠单一的知识与技能就能解决的，通常需要学生综合运用所学的知识与技能。例如在购物的情境中，需要掌握有关人民币的知识，也需要整数和小数运用的知识与技能，还需要一般的购物常识。三是鼓励学生找出多种答案。一般在一个实际的任务中，解决问题的方法可能是多样的，答案也不是唯一的。在寻找不同答案的过程中，学生可以了解问题的复杂性和解决问题方法的不唯一性，为学生创造发散性思维和深入思考的机会。四是反映学生发展上的差异。一般的纸笔测验结果只有对和错，而在表现性评价中，学生可以有不同层次的表现。表现性评价的设计与运用：设计与合理地使用表现性任务是实施表现性评价的核心。

对于不同年龄、不同社会文化背景及不同经验的学生，对真实问题的理解有很大不同，应根据具体的条件和学生的需要设计和开发有意义的可行的表现性任务。表现性任务并不是单纯让学生进行游戏，也不仅仅就是一个活动，其目的是从多个维度评定学生的学习。它可能包含学生的活动，而且是有趣的，但是它更应涵盖多维度教育目标，包括知识、技能、能力与态度等。一般说来，好的表现性任务应当具备以下几个特征。第一，真实性。表现性任务要与学生的现实生活密切相关，具有真实性。例如"测量自己的身体，选择合适的工具和测量单位，测量自己身体的不同部位的长度。可以让其他同学帮忙，将这些测量结果记录下来，与其他同学的测量结果相比较，你可以发现什么？"这个活动本身就是关于学生自己的，具有真实感。学生们通常对那些与现实生活相似的情境感兴趣，而对那些与实际应用相分离的情境不感兴趣。第二，有吸引力。表现性任务应当是学生感兴趣的，对学生有吸引力的。判断表现性任务质量高低与否的主要标准是这些任务是否能够吸引学生的注意力。提出的问题要能激发学生的兴趣，不能使学生在读到这些问题时感到无所谓或者没有兴趣。许多教师知道哪种活动或哪种类型的活动对学生是有效而且成功的。当我们把这些活动应用在评价问题上时，它们可能就会成为一个好的表现性任务。第三，能与有关的知识与技能建立联系。好的表现性任务应当评价学生对有关领域知识的理解与掌握，学生在完成任务的过程中应用到有关的知识与技能。表现性任务为学生展现自己的才能和对有关知识与技能的理解提供空间。一个好的表现性任务必须与我们希望测量的教学目标相一致。第四，能对学生进行个别评价。一些表现性任务是单个学生独立完成的，也有许多表现性任务是多个学生共同完成的。无论怎样，在完成表现性任务时，不同的学生会有不同的表现。分析每一个学生完成表现性任务的过程和结果，就可以了解不同学生表现出的不同水平。教师可以设计既适合个体评价又适合群体评价的表现性任务。例如，让一组学生分析某个数据，如果以一组为单位来完成分析任务，应该要求每个学生提供一份独立的总结，并且每个人的总结应该单独地进行评价。如果只想用于评价这一个目的，那么最好设计个体表现性任务。如果评价目的还包括教学目标，那么将群体与个体的评价任务进行综合也是必要的。第五，有清楚明确的指导用语。面对表现性任务，学生应当明确需要他们做什么。好的表现性任务为学生提供的指导用语应是既完整又清楚的。这是作为公平合理的测量方法的一个基本原则。学生应当清楚地了解具体的任务对他们提出的要求。指导语应该是清楚而完整的，而且应当是简练的。指导语应该强调学生做哪些将被评价的事情。在运用表现性评价时，应根据评分指导中的具体指标和学生的具体解答情况，将学生完成任务的情况分为不同的等级。

(三) 终结性评价

终结性评价是结果评价，它的目的是给学生评定数学成绩，为学生的数学能力发展水平提供证据。终结性评价是指学习进行了一个阶段之后，对学生的数学学习效果做出全面的总结性评价。

考试作为对学生数学学习评价体系中的一种方式，有其合理的一面，可能会长期存在于教学评价中。我们要根据评价的目的、性质和对象，选择具体的考试方法、手段，充分发挥评价促进学生发展、提高教师水平和改进教学实践的功能。在考试内容上，要重视对学生基础知识基本技能理解和掌握的评价，关注对学生发现问题和解决问题能力的评价。

在考试方法上，除了纸笔考试外，还要根据数学学习内容和目标采用操作与实践、口试与讨论、合作与交流、观察与收集等方法进行评价。

(四) 评分

根据对分数的解释，评分可分为绝对评分和相对评分。过去常用的百分制属于绝对评分，因为每个学生的分数都是用同样的标准来衡量的。相对评分 (等级) 则是指学生的分数和等级在整个群体中所处的位置，如标准分数、百分等级等。定量评价可采用等级制的方式，分为标准参照 (任务参照)、群体参照 (常模参照) 和自我参照 (变化的多少) 三种。无论哪种评价方式，都有其优点，也不可避免地存在缺点。但如果采用多样化的评价方式，并且正确处理评价的结果，就能够使评价更公平、公正和合理。

(五) 评语

评语是用简洁的评定性语言叙述评定的结果。评语可以补充评分的不足。一个分数或等级所能反映出的信息毕竟是有限的，对于难以用分数或等级反映的问题，可以在评语中反映出来。

成长记录评语中虽然也包含了教师对学生成长记录中成果的评价，但是成长记录作为一种物质化的资料，在显示学生学习成果，尤其是显示关于学生持续进步的信息方面，具有不可替代的作用。

总之，通过"分数或等级＋评语＋成长记录"的方法，教师所提供的关于学生数学学习情况的评价就会更客观、更丰富，使教师、学生、家长三方都能更全面地了解学生的数学学习历程，同时有助于激励学生的学习和改进教师的教学。教师要善于利用评价所提供的大量信息，分析、诊断学生的困难，同时分析与反思自己的教学行为，适时调整和改善教学过程。

四、课堂学习评价的呈现方式

学习过程评价的主要目的是反馈和调节学生的数学学习，促进学生的发展。

因此，评价结果的呈现不是只给一个简单的分数，要结合平时的课堂观察记录、作业分析、书面测试、成长记录袋、数学日记和平时的观察等进行综合评价，要让被评价者参与评价结果的评定过程之中，允许被评价者做出必要的申辩和说明，使评价结果得到被评价者的认同和理解。这样才能准确、全面地反映学生在学习过程中的发展变化，才能有效地发挥评价的作用和功能。

概括地讲，评价结果的呈现有定性与定量两类方式。在第一学段，应以定性描述方式呈现；在第二学段，应以定性和定量相结合的方式呈现，以定性描述为主导。具体地讲，评价结果的呈现分为即时呈现、阶段呈现和学期呈现。

第三节　数学学生学业的评价

一、学业评价的含义与目的

学业评价是指对学生学习成就的评价。因而，学业评价就是对学生的学习状况做出基本判断的过程。既然是指学习状况，就不能简单地理解为学习结果，即学习的获得性判断，更重要的是还包含学习过程，即学习的表现性判断。同样地，学习内容也不能简单地理解为数学知识，更重要的还包括使用数学的能力和对数学的情感、态度与价值观等。

(一) 学业评价的目的

简言之，数学学业评价的目的只有一个，那就是促进学生的数学学习，提升学生的数学素养。具体看，主要包括以下几个方面。

第一，为学生了解自己的数学学习提供反馈信息，以便学生通过反思自己的学习过程来调整学习的行为、情感和策略的参与水平。可见，良好的学业评价，不仅能准确反映学生的学习结果，还能反映学生在学习过程中的问题，从而帮助学生改善自己的学习。

第二，帮助学生改善对数学以及数学学习的认识，进一步了解数学以及数学学习的价值，提升自己的数学素养。可见，良好的学业评价本身还具有学习的功能，即使学生在学业评价的过程中进一步强化数学认识、数学情感以及数学思想方法等方面的学习，帮助教师进一步了解学生对数学的态度和情感，了解学生的数学学习方式的多样性和差异性，了解学生数学和数学学习的水平，了解学生形成数学自信心的过程，从而改善教师的教学组织。可见，良好的学业评价，反馈给教师的不仅仅是每一个学生的学习结果状况，还包含过程状况，以促进教师反思自己的教学组织并不断进行改善。

第三，帮助教师与学生一起进一步完善数学课程，调整课程计划，生成新的学习。数学课程主要是由专门人员建设的，但这只是一种理想的课程，真正的数学实践课程是由教师与学生共同建设的。因此，良好的学业评价，还要能为发展数学课程创造条件。

(二) 学业评价的基本原则

构建以促进学生学习为基本目的的学业评价原则，丰富以发展学生数学素养为追求的学业评价内容，是当今课程与教学改革的一个重要方面。从这个角度看，数学的学业评价至少应遵循如下几个原则。

1. 发展性原则

评价是为了促进学生的发展，包括数学知识与技能的发展、数学问题解决能力的发展、数学价值观的发展以及数学的情感与态度的发展等。

2. 过程性原则

评价是为了促进学生的数学学习，因此学业评价不仅应关注学生的学习结果，还应关注学生的学习过程及学生在学习过程中的表现。例如，教师设计这样一个任务：社区准备建造一个面向社区居民的游泳池，计划这个游泳池一次可以容纳100人，而且需保证每个人有2平方米的面积。考虑来到游泳池游泳的有成人也有小孩，有会游泳的也有不会游泳的，因此，游泳池要设学生区、浅水区和深水区，且平均水深是2米。请你来做设计师，并做如下思考：你认为这个游泳池设计成什么形状比较合适？为什么？你认为学生区、浅水区和深水区大小分别为多少比较合适？为什么？各分区的水深分别是多少？为什么？

3. 全面性原则

学业评价关注的不仅仅是学生数学知识的习得与数学技能的形成，还应包括学生的整体人格要素。也就是说，学业评价不仅要能获得学生知识的习得程度以及解题水平的信息，还要能获得学生在数学思想、数学能力、数学情感等方面是否得到了发展的信息。例如，有的教师设计了这样的问题：小明去食堂吃午饭，他发现今天食堂一共提供了四种菜，而主食可以选择米饭、面条或饼。请你尝试回答下列问题：你觉得小明去选午餐吃的时候，他是否运用了数学知识呢？为什么？如果你认为小明选择午餐吃什么时用到了数学知识，就向你的同伴解释一下。猜一猜，小明午餐吃了什么，可能有几种不同的搭配？

(三) 学业评价的主要内容

1. 对数学价值的了解

学业评价主要评价的是学生对数学价值的认识，即是否了解数学在文化中的地位和在社会生活中的作用，是否了解用数学思想来思考并用数学方法来处理日常生活中发生的事件与现象的优越性等。通常可以通过学生在数学问题解决过程中的表现进行评价，也可以通过学生对日常现象的观察来考查。

2. 数学知识意义的建构

学业评价主要评价的是学生对数学知识的理解与掌握程度。通常可以通过纸笔测验的方式进行评价，有时也可以通过口答、扮演、作业或观察等方式进行评价。例如，已知两个图形的底相等、高相等，它们的面积相等吗？

3.数学技能的形成

学业评价主要评价的是学生数学技能的形成过程及掌握程度，通常可以通过纸笔测验的方式进行评价，有时也可以通过作业、实验、访谈或观察等方式进行评价。

4.数学问题解决能力水平

学业评价主要评价的是学生数学问题解决能力的形成过程以及形成的水平，还要评价学生数学问题解决水平的非层次性差异。通常，可以通过学生在数学问题解决过程中的表现进行评价，有时也可以通过解释任务、设计实验、计划调查等方式进行评价。

5.数学思想与方法的获得

学业评价主要评价的是学生数学思想方法的建构程度。通常可以通过学生在数学问题解决过程中的表现进行评价，有时也可以通过访谈、解释、观察或设计等方式进行评价。

6.数学学习的态度与情感

学业评价主要评价的是学生积极的数学情感的形成水平与科学的数学学习态度的建立程度。通常可以通过学生在数学学习过程中的表现进行评价，有时也可以通过自我评价、数学日记或日常观察等方式进行评价。

7.数学学习的自信心

学业评价主要评价的是学生的数学学习自信心的程度。通常可以通过学生在数学学习过程中的表现进行评价，有时也可以通过自我评价、数学日记、访谈、作业等方式进行评价。

二、多样化的评价方式

多样化的评价方式，包括评价方法的多样化与评价目标的多元化两层含义。即不同的评价方式，其评价目标的指向是有差异的，而评价目标的多元化则是通过评价方式的多样化得到实现的。也就是说，不同的评价方式，因其取向的不同，使得评价所追求的主要目标是有差异的。之所以要倡导学业评价方式的多样化，就是因为不同个体的学习具有明显的差异性。传统评价的一个弊端就是忽视了方式的多样化。它是一种单一的预定式评价，即先陈述目标，再通过收集资料的方式在目标与结果之间做出判断。传统评价的另一个弊端就是忽视了价值的多元性。因此，一方面将知识与技能的习得代替了数学课程价值的全部；另一方面将不同的个体视作一个整体而不注意个体之间的差异性。多样化的学习评价，可以从不同的角度进行分类。

(一) 从评价的功能角度看

从评价的功能角度看，学业评价可以分为形成性评价与总结性评价两种方式。需要指出的是，形成性评价和总结性评价不存在基本逻辑和方法论上的区别，二者都是为了检验某个对象的价值，均可以使用同样的评价方法。重要的是，通过对两者的不同描述，突出了对象尚处于变化状态下的评价，从而能更有效地改善学习。

1.形成性评价

形成性评价是一种以学习内容以及具体的过程目标为参照的评价，它主要是伴随在系统的学习过程之中的。有学者认为，形成性评价的主要功能是诊断。数学学习是一个过程状态，而不仅仅是一个结果状态。只有学生或学习的组织者在这一过程中不断获得对学习水平和学习效果的反馈，才有可能对学习过程做出有价值的调整。

2.总结性评价

总结性评价是一种以课程目标与教学目标系统为参照的评价，它通常发生在系统的学习过程结束之后，所以也被称为结果评价。从现代的评价取向看，总结性评价也追求诊断的价值，而不简单地追求对个体的鉴别。不同的是，如果说形成性评价是一种阶段性和过程性的诊断的话，那么总结性评价就是一种系统性和终结性的诊断。

(二) 从评价的取向与追求看

从评价的取向与追求看，学业评价可以分为获得性评价和表现性评价两种方式。这两种评价虽然是从取向的差异上进行区分，但是随着对学业评价价值的认识变革以及评价方式的改革，两种评价已经显示出整合的趋向。

1.获得性评价

获得性评价也称为习得性评价，通常是以已经确认的教学目标为参照的一种评价，它主要是对个体是否已经获得目标确定的知识与技能的检验。获得性评价具有明显的预设性，即评价的目标是被严格预设的，评价的目的就是反映被评价者与预设目标之间的距离。因此，这种评价通常采用量的方式来刻画。这种评价通常采用如下一些测量方法。

第一，作业考查。这是数学学业评价中一种常见的获得性评价的测量方法，而且具有即时性和集中性的特点。在学生完成某个知识点的学习后，通常就会被要求去完成一定量的作业，而作业通过教师批阅后，结果就被显现出来，教师与学生自己都能在最短的时间内了解到学习的习得水平。但是，这种评价方法通常因为无法反映过程而缺失对学生策略性知识水平的评鉴；同时，也因为评价主要指向知识与技能的习得，所以就会缺失对学生创新水平的评鉴；当然，它也就会缺失对学生情感、态度与价值观以及合作等水平的评鉴。可见，要克服这种方法的弊端，就要设法积极去改进作业的形式。

一个比较有效的策略就是增加一些表现性作业，如完成一些设计性的任务，或去做一些调查性的任务，抑或去进行一些操作性任务。

第二，纸笔测验。这也是数学学业评价中一种常见的获得性评价的测量方法，它直接通过成绩来判断学生对知识和技能的习得水平。当然，这里的习得是一种理解性获得，而绝不是对概念的机械性识记。这种评价方式的优点是能直接反映学生对既定认知内容的习得水平，但是它除了与作业考查一样具有非全面性和非过程性特点外，还具有滞后性的特点。因此，不断地形成性评价就成为一个非常重要的手段了。

如今，改进纸笔测验的形式也成了数学学业评价改革的一项重要任务。一个较好的策略是在纸笔测验中增加理解性或设计性的任务。也就是说，不要将纸笔测验简单地理解为就是做习题，而是将它放到问题解决的层面去理解。于是，诸如"想一想""解释一下"或"设计一下"等词汇所表述的任务就会在纸笔测验中出现。

第三，课堂活动。这里的课堂活动包括课堂中的提问、课堂中的练习以及课堂中的扮演等活动。这是一种运用频率最高的获得性评价方法。在课堂中经常性的提问式对话或指令式的扮演，不仅能及时反映出某一个体对知识或技能的习得水平，被显现的错误能及时获得改正，还能直观反映个体习得水平在班级群体中的位置。但是，这种评价方法具有个别性的特点。即在一堂课内，能获得这样评价的学生数量是非常有限的，而教师通常就是通过对这些个别样本的评价来推断班级群体在知识或技能上的获得性水平，从而确定教学进程。如果要克服课堂活动评价的弊端，长期的实践表明，追问是一种非常有效的策略。例如，当学生完成一个回答之后，教师就可以追问："你是怎么想的？""有没有其他不同的想法？还有什么方法可以证明（说明）？"

2. 表现性评价

表现性评价是一种基于表现性任务的评价，即以个体在完成任务过程中的多种表现为参照的一种评价。这种评价的特点就是不仅仅关注个体最终获得了什么，而且更为关注个体在完成任务过程中的知识、能力与情感等方面的表现。从数学课程的价值追求看，学生习得知识、形成技能并不是唯一的目标，还包括诸如学生对学习过程的参与度如何？在学习中获得了哪些体验？形成了哪些策略性的知识？创造性的能力是否得到了发展？是否进一步发展了将数学知识运用于现实情境的能力？

这样来看，表现性评价是非常有意义的。表现性评价不具有明显的预设性，即有些评价的目标是伴随在评价过程之中生成的，它追求被评价者的那些潜在的、有着个性差异的且是通过任务显现出来的各种价值。

因此，这种评价通常采用质的方式来刻画。这种评价通常采用如下一些测量方法。

第一，解释性任务。所谓解释性任务，就是指对学生来说，他需要完成的不是一个简单的习题，而是一个需要将自己的思考通过数学交流的方式进行解释的任务。通过这样的任务，不仅能评价学生对习得知识理解的水平，还能反映学生数学交流的水平及数学思维的水平。

例如："小明说，他想到了一个数，当100被这个数除的时候，结果介于1和2之间。请你给出至少三种关于符合这个数的正确描述，并对你的推理进行解释。"

第二，设计性任务。所谓设计性任务就是向学生呈现一个需要通过利用已经习得的数学知识进行设计和规划的任务，这样的评价不仅能反映学生对习得知识的理解水平，而且因为这样的任务通常具有开放性特点，因此能有效地评价学生将知识运用到现实情境的能力以及问题解决策略等水平。

例如："学校准备将面积为4000平方米的教学大楼的屋顶改造成一个大花圃，但是考虑到要浇花，就要设计一些通道。请你设计一下这个屋顶花圃，并说说你设计的依据。"再如："班级要去春游了，计划到三个景点去游览，时间为9：00—14：00，每人准备20元钱。请你设计一个游览计划，这个计划包括时间安排、游览路线安排和费用安排等，并将你的计划解释给你的同伴听。"

第三，制作性任务。有的时候，制作不仅仅是一种复制性的工作，更多的是一种创造性的工作。这种制作性的任务，通常能评价出学生的创新水平。

例如："请你将6个同样大小的正方形的边连起来，使它能折成一个正方体，你能有多少种方法？"

第四，调查性任务。调查就是收集资料，而收集资料的过程，不仅是一个将知识运用于现实情境的过程，还是一个对信息理解的过程。通过这个过程，我们能评价学生对信息价值理解的水平以及处理信息的策略性水平。

例如："调查今年7月我们这个地区的气温的数据信息，并将这些信息用一个合适的方法进行统计，然后解释一下这些数据处理的结果，并做出一些推断。"

第五，实验性任务。一些简单的数学实验，不仅能反映学生的动手能力，通常还能反映出学生对数学学习的认知方式和认知水平。

例如："用一根长50厘米的细绳围成一个长方形，怎样才能使它的面积最大？你最初的猜想是什么？你是如何实验的？你获得了什么发现？"再如："一个任意五边形的内角和是多少？你最初的猜想是什么？你是用什么方法去验证的？结果与你的最初猜想一致吗？"

第六，反思性任务。通常看，反思性任务的评价方式主要以文本和口头两种形式来实现。对前者而言，比较多的是用书面语言的方式来回答诸如"我是怎么想的？""我原先的预测为什么错了？""我最困难和最得意的是什么？"等问题。一般来说，这种形式适合于高年级的学生。对后者而言，则是通过口头语言的方式来回答这些问题，它较适合低年级的学生。从实践看，一个帮助学生学会反思的较为合适的策略就是可以让学生通过一些"格式"化的文本来过渡。

(三) 从评价的参照看

从评价的不同参照看，学习评价通常可以分为常模参照评价、目标参照评价和个性特征参照评价三种。这种学习评价的分类主要是针对学生学习的，即主要是用来对学生的学习进行评定的。

1. 常模参照评价

所谓常模参照评价，就是将某个预设的位置作为"常量"，而预设的依据就是群体在测量时可能获得的一个平均值。也就是说，在编制评价量表(如测验试卷)之前，已经对群体成绩的平均值有了一个大致估计，然后以这个"值"为参照来编制评价量表的难、易程度。可见，常模参照评价是一种相对评价，它通常反映的是某一个体在群体中的位置。因此，在常模参照评价下，某个群体的测量成绩通常是正态分布的。

2. 目标参照评价

所谓目标参照评价，就是一种将预设的课程目标(包括发展性目标和习得性目标等)作为一种参照，然后通过某种测量的方式来评定某一个体的行为及其行为结果的评价方式。目标参照评价是一种绝对性评价，它通常只反映某个个体与预设目标之间的距离，而不显示这个个体在群体中的位置。因此，在目标参照评价下，某个群体的测量成绩通常是呈偏态分布的。

3. 个性特征参照评价

所谓个性特征参照评价，是以某个个体已有的基础作为参照。这种评价的特点就是只反映每一个体的内部特征，即对每一个学生在学习过程、学习方法、学习态度及学习结果的个性化评估，它描述的是个体具有哪些特征，反映的是个体相对于原来的基础是否取得了进步或取得了多大的进步。因此，个性特征参照评价也是一种相对评价，而且这种评价基本上不关心某一个群体的总体成绩，也不关心某一个体成绩在群体中的位置。

三、构建促进学生发展的评价策略

一个重要的价值观已经越来越被人们所接受，即学习评价本身就是课程学习的一部分，就是数学教学过程的一部分。因此，当数学教育的价值转变为促进学生发展的时候，则数学学习评价的基本价值也就转变为了促进学生的发展。从这个角度看，构建如下一些促进学生发展的评价策略是必要的。

(一) 过程性评价

所谓过程性评价，其本质就是一种以关注学习过程为取向的评价。因而，它本身并不是一种具体的评价方式，而是一种评价的基本策略。无论采用何种评价方式，从过程性策略看，都应具有这样一些特点。第一，多元化。即评价的目标不仅是知识的习得，还包括知识习得的过程；不仅是数学的结论，还包括数学的能力与情感。第二，生成性。即评价的内容不仅要关注那些已经被预设的要素，更要关注在学习过程中不断生成的要素。第三，即时性。即评价的实施不仅是在一个单元的学习之后进行，更多的是伴随在学生的学习过程中进行。第四，差异性。即评价的过程不是将学生的群体进行排队的过程，而是使每一个学生充分了解自己在已有知识的基础上获得进步的过程。

(二) 发展性评价

评价的作用不在于区分学生的优劣和简单地判断答案的对错，而是要能促进学生的发展。因此，一次评价活动不仅是对一段学习活动的总结，更应成为下一个学习活动的起点、向导和动力。显而易见，发展性评价策略的活动呈现出如下一些特点。第一，多样化。发展性评价策略的特点之一是多样化，这种多样化不仅体现在评价方式的多样化上，还体现在评价手段的多样化上。例如，笔纸测验、同伴交流、任务设计、口头解释等都可以作为促进学生发展的评价方式与手段。第二，开放性。发展性评价策略的另一个主要特点是开放性。这种开放性不仅体现在学习方式上，还体现在学习结果上。例如，倡导算法多样化就是一个很有效的发展性评价手段。第三，体验性。发展性评价策略还有一个显著特点，即体验性，对每一个学生来说，通过评价活动，他们不仅仅知道自己缺了些什么，更重要的是体验到了自己获得了哪些长足的进步。

(三) 表现性评价

要能有效地促进学生的发展，就不能单单依靠习得性评价，因为对活动过程的体验，对活动过程的反馈，更能有效获得促进发展的动力和方法。例如，有"已知长是 8 米，宽是 5 米，长方形的面积是多少平方米"和"小明有长是 8 米、宽是 5 米的围栏各两块，大概能围成多大的供小狗活动的场地"这样两个问题，对教师和学生来说，所能获得的信息是完全不同的。就第一个问题而言，当学生将答案填错时，可能获得的信息就是学生是否掌握了长方形面积计算的方法 (有时可能还无法判断究竟是面积计算方法未能真正掌握，还是计算技能未能真正掌握)，但是对于第二个任务，就能反映出学生在问题解决过程中的策略、方法与能力的差异性。因此，对学生的学业评定，除了需要收集学生知识习得的信息之外，还要收集学生学习过程中所表现出来的思维水平、问题解决能力、数学交流及数学情感等方面的信息。

第四节　数学课堂教学的评价

一、课堂教学评价的意义和目的

课堂教学活动中，不同的课堂教学观会形成不同的课堂教学和评价，产生不同的教学评价结果。反之，不同的课堂教学评价活动，有相应的课堂教学评价观和教学观做指导。教师的课堂教学评价活动实质上就是教师深层的教学思想的具体化和现实化。

(一) 课堂教学评价的价值取向

研究已经表明，课堂教学评价的价值不在于要"证明"些什么，而在于要"改进"些什么；不在于要"鉴定"出什么，而在于要"促进"什么；不在于为了帮助他人的"监控"，而在于帮助自己的"反思"；不在于那些"已然"的，而在于那些"可能"的；不在于教师或学生"做了些什么"，而在于教师或学生"做得怎么样"；不在于教师或学生"执行"与"设计"了什么，而在于教师或学生"生成"与"发展"了什么等。所有这些，都是当今课堂教学评价的基本取向，也是当今课堂教学评价与传统的一个本质区别。

(二) 课堂教学评价的目的和意义

从促进学生全面发展以及促进教师专业发展的角度看，课堂教学评价至少应包含如下一些目的和意义。

1. 有利于学生的全面发展

这是因为数学课堂教学评价的一个基本目标就是通过临床评价与诊断，来帮助教师积极自主地去构建新的教学策略，不断调整教学的组织方法与过程，以促进学生数学素养的发展。

2. 有利于教师的专业发展

数学课堂教学评价的主体是教师，是教师对课堂教学过程与行为的批判性反思，是教师与同行和专家交流与分享的过程，因此这一评价能有效地促进教师的专业发展。

二、课堂教学评价的基本要素

数学课堂教学评价属于微观教育评价。要保证课堂教学评价的客观性和公正性，评价就必须依据明确的、能全面反映教师课堂教学质量的指标体系进行，指标体系应覆盖课堂教学这一动态系统的全部要素。从目前的教学现状来看，课堂教学评价指标大多数都是从教学思想、教学目标、教学内容、教学过程、教学方法、教学效果等方面去制定。

(一) 教学思想

数学教学思想作为人们对数学教学现象、教学过程及其规律的一种主观认识，一旦在教师头脑里形成就会强烈支配着教师的教学行为，并决定着教学过程发展的方向和结果。如果教师在认识上把数学教学过程看作一个以数学课程内容为载体的，教师引导学生积极主动地参与数学学习并促进学生全面发展的育人活动过程，那么他们在教学中就会以极大的热情关注学生的学习过程和学生在学习中的探究发现，让学生切实经历数学知识的形成过程，以此促进学生的知识、能力、情感、态度的全面发展。

反之，数学课堂教学就会变成教师讲数学、学生学习数学的活动过程，结果造成学生被动接受数学知识，能力、情感、态度得不到应有发展的局面。根据教学思想对课堂教学的客观制约作用，我们认为数学教学思想应成为数学课堂教学评价的一大基本要素。评价数学教学思想，首先要看课堂教学的指导思想是否正确，看教师在教学中是否坚持了"以学生发展为本"的教学思想，是否重视了学生终身学习愿望和能力培养。

通过对课堂中师生教与学行为的深入考查，了解教师所坚持的教学观念，特别是他们的教学观、教师观、学生观、教学质量观，其中重点又要深入考查师生在课堂教学中的角色地位和课堂教学的价值取向。具体来讲，看课堂教学是否真正体现了学生是数学学习的主体，教师是数学学习的组织者、引导者和合作者的基本理念；看课堂教学是否关注了学生知识、能力、情感态度和价值观的全面发展，是否关注了学生创新精神和实践能力培养。

（二）教学目标

教学目标既是教学的出发点又是教学的归宿，它对整个数学教学过程具有重要的导向作用，直接决定着教学过程的发展方向和价值取向，因此它是数学课堂教学评价中一个不可缺少的基本要素。评价数学课堂教学目标，一要看教学目标是否充分反映了数学学科内容所具有的育人功能，目标内容是否体现了学生知识与技能、数学思考、解决问题、情感与态度的全面发展，同时还要看数学知识与技能的学习是否以有利于数学思想、解决问题、情感与态度等目标实现为前提。二要看数学教学过程是否紧紧围绕教学目标展开，教学目标导向、激励和调控等功能在教学过程中是否充分发挥出来了，课堂教学结构安排、教学方法和教学手段的选用是否有利于教学目标的实现。三要看教学目标定得是否合理，一方面要看所定的教学目标是否符合学生的现有发展水平，是否定在学生的最近发展区；另一方面要看教学目标能不能为学生所理解和接受，看是否有利于学生将教学目标转化为他们的学习目标，并对他们的数学学习产生激励作用。另外，还要看教学目标是否具有实现的全部可能性，合理的教学目标既能够促进学生的最佳发展，又是通过努力可以实现的。四要看教学目标是否明确具体，在具体的课堂教学中学生要切实掌握哪些数学知识和技能，发展哪些能力、情感、态度，分别要达到何种水平层次，课堂教学目标都要有明确的规定。五要看课堂教学目标是否重视学生的学习效果，要关注学生的学习过程，要明确表述在课堂教学中让学生经历哪些数学知识的形成过程，并在这些知识的学习过程中获得哪些情感体验。

（三）教学内容

教学内容既是教师教学的重要资源，又是学生学习的主要对象和线索，是构成数学教学过程的基本要素，所以它是数学课堂教学评价的重要内容。数学课堂教学评价内容主要包括：第一，要保证教学内容的科学性，一方面教师的讲解必须准确无误；另一方面学生对所学内容要有正确的理解，要尽量避免学生对数学知识形成错误的理解。第二，教学内容必须联系学生的生活实际，充分体现"数学学习内容应当是现实的、有意义的、富有挑战性"的课程理念，教学内容要有利于学生主动地进行观察、实验、猜想、验证、推理与交流等数学活动。第三，要充分挖掘数学教材内容的育人功能，为教学促进学生知识、能力、情感态度和价值观的全面发展提供保证。第四，教学内容的安排要恰当，其分量和难度要符合学生的年龄特征和学习水平，教学既要突出重点，又要适当分散难点。第五，教学内容的呈现形式要有利于学生对数学知识的再发现，教学要注意前后知识之间的联系，以便于学生在学习过程中更好地理解数学知识的发生、发展过程。

（四）教学过程

数学课堂教学过程作为一种师生教与学多边互动和共同发展的活动过程，本学科教学的一切功能和所有任务都要通过它去体现、去完成，因此教学过程理所当然是数学课堂教学评价所要考查的主要对象。评价数学课堂教学过程，一要看教学过程各构成要素之间的关系处理得怎么样，教师和学生在课堂教学中的角色地位及其关系是否处理得恰当，教学目标、教学内容、教学方法和教学手段的功能是否充分发挥出来了。二要看课堂教学环节安排得是否科学，时间分配是否合理，不仅要分别考查每一个教学环节在课堂教学中所产生的部分功能，还要全面考查各环节之间的配合与过渡，看它们在课堂教学中有机组合起来所产生的整体结构功能。三要看教学过程的安排是否有利于学生对数学知识的再创造，看教学活动的进程是否与学生学习数学知识的过程及其规律相适应。四要特别关注学生在数学学习活动中的主动参与水平，看学生是否在教师指导下积极主动地投入数学知识的学习活动中去。五要注意考查课堂教学中的信息交流情况，看教师和学生、学生和学生之间的信息交流是否流畅，信息反馈是否及时，同时还要看教师能否根据学生的反馈信息及时对课堂教学过程进行有效调控。

(五) 教学方法

数学教学方法既是构成数学教学过程的一个非常活跃的基本要素，也是课堂教学评价的一项重要内容。评价数学教学方法包括以下内容。第一，要看教学方法在特定课堂教学中的针对性和实效性。具体来讲，教学方法要为教学目标服务，所选用的教学方法和教学手段能够推动课堂教学目标实现；教学方法要与教学内容相适应，要根据具体的课堂教学内容去选用教学方法和教学手段；教学方法要与学生的年龄特征和现有发展水平相适应，凡是不能适应和促进学生学习的方法都不是有效的教学方法。第二，教学方法要有利于学生学习方式的转变，教师在课堂教学中所采用的教学方法要有利于引导学生开展自主学习、合作学习和探究学习，让学生充分利用自主探究与合作交流相结合的方式去学习数学。第三，要创设良好的学习情境，充分调动学生的学习积极性，让学生在课堂中始终以饱满的热情积极主动地投入数学学习中去。同时，课堂教学的侧重点是对学生学习的启发、引导和点拨，教师要给学生留有探索的余地。第四，注意教学方法、教学手段的有机整合，做好多种教学方法在课堂教学中的优化组合，并让它们形成一个开放的系统，促进不同教学方法融合，以此通过多种教学方法和手段有机配合去促进数学课堂教学效率的全面提高。另外，在数学方法的选用上还要关注学生的个体差异，切实采用一些因材施教的措施促进全体学生在数学学习上都能获得最大可能的发展。

(六) 教学效果

教学效果是评价数学课堂教学的一项重要指标，历来受到人们的极大关注。这是因为一方面它本身就是数学课堂教学评价的一项重要内容，另一方面其他要素的价值最终也要通过教学效果体现出来。评价数学课堂教学效果包括以下内容。第一，要看课堂教学是否全面实现了预定的教学目标，学生在知识与技能、数学思考、解决问题和情感与态度等方面是否达到了应该达到的发展水平，特别要关注学生在学习和掌握数学知识的同时，能力、思想品德和个性心理品质是否得到了全面、和谐的发展。第二，评价数学课堂教学效果不要只关心学生学习的结果，还要关注学生的数学学习过程，注意考查学生对获取数学知识过程的经历和体验，同时要特别注意考查学生是否主动地参与数学学习，看他们在数学学习活动中的思维是否活跃，学习的情绪是否高昂。第三，评价教学效果必须关注课堂教学效率，要特别注意考查学生的学习负担，尽可能让教师和学生以最少的时间和精力耗费去获得最大可能的教学效果。第四，评价数学课堂教学效果还要注意面向全体学生，看教学是否促进了所有学生的最佳发展，绝不能用少数学生的学习效果去代替全班学生的学习效果。另外，评价数学课堂教学效果还要注意考查教学是否有利于教师自身素质的提高，看课堂教学是否促进了教师和学生的共同发展。

上面我们仅讨论了数学课堂教学评价的六个主要基本要素，除这些基本要素外，还要关注其他方面的一些内容，如教师的素质，主要看教师在课堂教学中的组织和调控能力、语言表达能力、教具制作与使用的能力、教态、板书等，考查教师的素质要特别关注他们与学生交流、沟通的能力和处理课内偶发事件的应变能力。在实施课堂教学评价的过程中，教师的素质既可以作为一个单独的指标专门加以考查，也可以融合在上述六个评价要素中结合进行。另外，评价数学课堂教学时还要适当注意教师在课堂教学的某些方面所表现出来的独具个性的教学特色，对教学特色可适当给予加分，以鼓励教师在教学实践中逐步形成自己的教学风格。

三、课堂教学评价的特征

评价体现了教师对学生行为的看法与意见，但并非所有的评价都是有效的，有效的教学评价能激励、唤醒和鼓舞学生，表达了教师对学生的期望与信任。

（一）评价的客观性

数学课堂教学评价应遵循客观公正原则，以教学目标为依据，全面客观地对学生的学习过程和结果、知识技能与情感价值观进行评价。客观的评价能帮助学生认识自己的进步与不足，形成正确的自我认知，为学生指明努力的方向。教学目标是开展教学评价的客观依据，教师应从教学目标的实现程度来客观评价整堂课的有效性。评价的客观性还要求教师的评价语言应具体得当，能准确反映教师的观点，要让学生知道"好"在哪里，"棒"在何处，哪些方面需要改进。

（二）评价的高期望性

评价不仅具有甄别和鉴定的作用，更重要的是具有激励和导向的作用。学生的成功在一定程度上取决于教师对他们的期望值，有效的数学课堂教学评价应该充分发挥教师的"期望效益"，在评价中充分流露出对学生成功的强烈期望。期望是一种鼓励，它既激励学生，又需要得到学生的自我认同。因此，教学过程中，教师还必须把期望学生成功与帮助学生成功结合起来，使教学任务与学生的能力发展水平相适应，帮助学生取得成功，建立自信。教师的学识与人格也是影响教学评价有效性的重要因素。渊博的学识与教师的人格魅力能增强学生对教师的信任感，使学生"亲其师而信其道"，发挥学生的自我调节功能，调动学生的学习积极性，更大限度地发挥教师的期望作用。

四、课堂教学评价的基本原则

要构建数学课堂教学评价的基本方法，首先需要弄清两个问题：第一，数学课堂教学的基本要素有哪些？第二，数学课堂教学评价的关注点应该建立在哪些地方？

（一）数学课堂教学的基本要素

我们已经知道，课堂活动由教师、学生、教材与环境四个要素所构成，而这四个要素的构成方式具有动态性和生成性的特点。但是，目标设置、内容组织、行为方式以及人际相互作用方式是这些要素构成的主要节点，也是课堂活动构成的主要节点。不同的目标设置，不仅制约着课堂活动方式，也制约着课堂活动中人与人相互作用的方式，因而也就制约着教师教学组织的行为方式和学生的学习方式。例如，当教学目标单一指向某一个知识的结论和技能的形成时，课堂活动可能更多会显示出人与人之间以文本为中介的一种简单的"给出"与"接受"的交互方式。同样的学习内容，不同的组织方式也会制约课堂活动中人际交互的方式，从而影响教师与学生的行为方式。例如，当学习内容被用直接呈现这种简单的方式组织时，学生的习得性行为就会占主要地位，体验、探究与交流和分享等行为就会减弱。行为方式就教师而言，实际上主要是指教师的预设性与控制性的程度。显然，教师的预设性与控制性越强，则学生的生成性与主动性相对就会越弱；而行为方式就学生而言，实际上主要是指学生在课堂活动中的参与程度和参与方式。在课堂活动中，人与人之间是以目标为纽带、以内容为中介而相互作用的。如果目标是多元的、开放的和尊重差异的，而内容的组织是更情境化的、问题性的，则人与人之间的相互作用方式可能就会是平等的、合作的、分享性的和相互促进的。

(二) 数学课堂教学评价的基本原则

从数学课堂教学的基本要素角度看，数学课堂教学评价应关注这样一些视角，即数学课堂教学评价要遵循的基本原则。

1. 注重目标达成原则

所谓注重目标达成原则，主要包含两层含义。第一层含义是指教师预设的教学目标在陈述上是否达成了发展学生数学素养的全部要求。第二层含义是指教师的课堂活动是否围绕着预设的目标而组织。

2. 注重行为表现原则

所谓注重行为表现原则，主要包含两层含义。第一层含义是指教师的行为表现，包括教师的教学组织策略、教学方法以及教师所创设的教学环境等。第二层含义是指学生的行为表现，包括学生在课堂活动中的参与程度及参与方式等。

3. 注重效果全面原则

所谓注重效果全面原则，就是指课堂教学评价不仅要关注学生是否掌握了知识，形成了技能，还要关注学生是否积极参与了学习活动，是否进行了多向的交流与合作，是否获得了数学体验，是否经历了探究过程，是否发展了数学能力等。

五、课堂教学评价的基本方法

(一) 临床观察法

临床就是指置身于课堂活动之中，而观察则是指利用自身感觉器官，有目的地利用一些手段和技术，通过收集相关信息，并分析和解释这些信息的活动。临床观察法可分为以下两种。

1. 结构型观察方法

结构型观察方法是一种具有程式化特征的临床观察活动，即观察者预先设计好了统一的观察对象和观察内容以及统一的观察记录标准，对所有的观察对象都使用相同的观察方法和记录格式，其目的是获得可以量化的观察数据，从而对观察到的内容进行统计分析。例如，有评价者想对课堂教学活动中师生的语言互动做出评价，于是就采用了选择性行为观察技术之互动分析法进行临床观察。

2. 无结构型观察方法

无结构型观察方法是一种开放式的观察活动，观察者可以根据具体的情境确定和调整自己的观察视角及观察内容，运用描述的方式来记录观察结果。例如，有人在临床观察某一课堂教学的过程中，随之生成了获取并分析学生参与小组活动的信息及其效果的想法，于是他采用随机性信息采集的方式，并利用描述加频数统计的方法进行观察。其观察结果为：在这堂课中，根据学习内容以及学习组织特征，执教的教师组织学生进行小组活动的频次为两次；在这堂课中，学生进行小组活动所用的时间分别为第一次7分钟，第二次4分30秒。所谓未参加的人，指的就是在小组学习过程中，相当于小组活动的学习主题和任务而言，既没有发言，也没有动手操作的学生观察者。讨论认为，这样的小组学习没有发挥同伴合作的真正价值，同伴之间的交互明显不足，缺乏共享性的活动。从临床观察所运用的技术看，有时也可以采用课堂活动的实录式描述进行，还可以采用课堂活动环节的概括性描述技术进行。

需要说明的是，运用临床观察的评价方法，应当注意如下几个问题。第一，要与被评价者取得沟通与理解：主要是为了保证获取信息的准确性，避免观察对课堂活动造成过大的干预。第二，确定观察的主题：课堂教学是一个复杂的活动观察，里面涉及非常多的因素，因此在进入课堂做临床观察之前，必须先确定观察的主题，以便将观察的注意力集中在与主题密切相关的信息采集上。第三，根据评价的目的和条件，选择观察的方式与技术，是采用结构性的还是非结构性的？是运用量表进行频数统计的方式，还是运用描述的方式？观察对象是选择性的还是随机性的？准备采集全部信息还是部分信息？是跟踪性的反复观察还是单次性的观察？对信息的记录和描述要尽可能避免主观因素掺杂，保持相对的客观性，尤其是对一些现象形成的原因，不能随意做出主观判断。如有观察者是这样描述的："只有一部分学生举手，因为大部分学生都没有理解教师提出的问题。"显然观察者带有主观性判断，因为临床中观察者只是看到了现象，而这个现象的成因是无法通过观察获得的，必须通过其他的信息采集方式（如课后的访谈等）才有可能获得。

(二) 交流访谈法

交流访谈法是评价者通过与被评价者面对面的交谈来搜集资料、了解情况的一种方法。交流访谈法也是质的研究中的一种重要方法，当然也是通过相应的信息采集而进行课堂教学评价的一种方法。在课堂教学评价中，交流访谈法一般运用于课后讨论中，作为一种信息反馈的手段。访谈不仅是评价者向被评价者传递评价信息的有效渠道，也是评价者与被评价者进行沟通的最佳途径。它有利于消除被评价者的防卫心理，促使被评价者积极参与评价中来，特别是评价者在访谈时通过充分尊重对方意见的交流和倾听，鼓励被评价者畅所欲言，使被评价者感到自己受到了理解和尊重，增强对评价活动的信任感，有利于进一步改进以后的课堂教学工作。

澳大利亚凯斯林大学的克拉克博士研究了交流访谈法在课堂教学评价

中的运用：他通过与学生单独面对面访谈，了解学生在面对具体问题时的表现，从而了解学生解决问题的思考过程，评价学生不同的思考方法，分析教师对学生的理解与认识，认识教师对学生和学生学习数学的理解。研究表明，教师和学生对这种方法都感兴趣，并从这项研究中体会到一些数学教学改革的理念和方法。通过这样的访谈活动，教师感到他们有以下几个方面的提高：一是教学中更关注学生的成长；二是更多地运用开放式问题；三是为学生提供更多的时间探索数学概念；四是学生有更多的机会分享解决问题的策略；五是给学生更多的富于挑战的问题；六是更强调课堂教学结束时的总结与概括，将这个作为"整体—部分—整体"教学方法的一个组成部分；七是强调数学概念与概念之间的联系及课堂数学与现实生活中数学的联系；八是较少强调正式的记分，允许在课堂上运用不同的评价方式。

1. 交流访谈法的特点

第一，访谈不是一种单向的"评定式"的语言交流活动，而是一种双向的"商讨式"的语言交流活动：被评价者直接参与了评价过程，因而它是一种参与式的课堂教学评价方式。第二，能获得一些非现象性的信息：教师为什么要设计这样的活动？教师对课堂中学生出现的错误是如何理解的？这个学生怎么会想到采用这样的方法？这样的信息是无法通过临床观察活动获得的，而这些信息又对评价教师课堂教学具有重要的价值。第三，能获得更为准确和有效的评价信息：因为访谈是一种可以不断深入获得信息的方法，通过追问等方式，评价者有可能获得一些被评价者思考过程或理解过程等的信息。第四，能有效地促进教师的专业发展和学生的学习发展：因为访谈实际上是一个评价者与被评价者之间双向交流与分享的活动，通过访谈，不仅能使评价者获得有效的信息，也能使被评价者通过反思自己的教学活动和学习活动而获得发展。一般地看，交流访谈法有两种类型：一种是预设型，即评价者预先设计了访谈的主题、谈话的提纲以及记录方式；另一种是非预设型，即评价者只是预先设计了访谈主题（有时可能连主题也是随机生成的），而谈话提纲和记录方式都是随机生成的。

2. 访谈法的优点

第一，可以保证有较高的回答率。访谈是一种面对面的交流，除了个别的情况外，都能了解到被评价者对问题的看法。第二，具有较强的灵活性。

在访谈过程中，评价者可以随时了解对象的反应，并根据情况提出一些更合适的问题，或者重复提问，或者对问题做出必要的解释和提示等。这种灵活性最大限度地保证了研究计划的实现。第三，可以使被评价者更好地合作。访谈法是直接交谈的，评价者可以用自己的语言和情感使被评价者更好地与其合作，更真实、更全面地说出自己对问题的看法。第四，适用范围广。由于课堂评价中的访谈法具有灵活性，这大大扩展了它的适用范围。无论教师的性别、教龄、资历还是学生的年龄、学段、水平，只要具备一定的语言表达能力，都可以运用访谈的方法进行调查。

3. 访谈法的步骤

作为一种研究方法，访谈是一种有目的、有计划的活动。因此，评价者需要按照一定的程序和标准对被评价者进行访谈。一般来说，课堂评价中所使用的访谈法有以下几个步骤。第一，访谈计划的制订。在访谈前，要对访谈中所涉及的重要问题做出明确的规定。例如，研究的主要内容、调查的基本问题、问题的类型、回答问题的规范等，都要做出明确的规定，以保证访谈的科学性和准确性。当然，课堂评价中所使用的访谈不同于一般的访谈法，它是针对具体的课堂，在课前或课后进行的。访谈计划中大致要包含这样几个问题。

（1）访谈的目的和主要内容，也就是通过访谈，要解决的主要问题是什么。一般来说，访谈的目的主要有以下几点：其一，了解教师的教学设计。看教师是否经过独立思考，是否有创新和独特的见解。其二，了解教师的教学目的。评价应参考教师的教学目的进行，一是看教师的教学目的是否符合素质教育的思想，是否适合学生的年龄特点；二是看教学过程是否达到了教师设计的目的要求；了解教师自己对这节课的评价。评价应该从多角度进行，不仅有外部评价，还要有教师自评。教师是教学的实践者，对教学过程有旁人不能替代的体会和心得，要进一步改进教学，就必须依赖于教师自己对问题和不足的认识。其三，了解教学的背景，包括教学内容的前后联系，教师和学生的基本情况等。背景情况能增进评价者对教学设计和教学过程的理解，从而使评价结果更可靠，更有针对性。

（2）拟定访谈问题。要根据研究的目的，初步拟定访谈问题。要注意问题措辞的通俗性、中立性以及层次性。

（3）安排问题呈现的次序。一般要把容易回答的、事实性的、了解自然情况的问题放在前面，把复杂的、可能在访谈过程中引起回答者轻微抵触或不好回答的问题放在后面，以保证访谈的顺利进行。

（4）确定访谈的方式和程序。根据需要，决定采用单独访谈还是不同规模的分类座谈。具体的访谈程序也要做适当的安排。

（5）确定访谈时间表。较之一般的访谈，课堂评价中所使用的访谈在时间的安排上比较简单，但也要考虑到评价者本人以及被评价者的情况，确定合适的时间。

第一，正式访谈。一般的访谈，在正式访谈之前，要经过一次试谈，以检查所设计的问题及提问方式是否恰当，问题之间的排列次序是否合适等。但由于课堂评价中所使用的访谈法主要是针对特定的课堂、特定的教师进行的，因此可以不经过试谈。在正式访谈中，要注意访谈时间、地点的选择，要能够尽快接近访谈对象，建立一个融洽的访谈气氛，自然地按照预定的计划进行访谈，并且做好访谈记录。例如，让被评价者阐述本节课的总体安排、设想其实现程度，并对照评价标准对本节课做自我分析和评价。

第二，整理和分析访谈结果。访谈结束之后，要对访谈中所搜集的材料进行整理和分析。原始资料的整理需要进行分类和编码。如果在设计问题的时候已经对可能的答案进行了分类和编码，那么就可以直接整理。如果没有分类记录，就要进行分类，研究问题回答的类型，确定恰当的分类标准。结果的统计和分析可以采用描述统计的方法，计算出各种类型回答的平均数或百分比，或者对访谈中表述的性质进行直接分析。

4. 访谈时需要注意的问题

第一，访谈的时间安排。课堂评价访谈的时间应安排在听课之后的当天举行，并且尽可能早地安排，这时评价的双方对课堂场景都保留着深刻的印象。如果安排的时间推迟，就会因为时过境迁而使访谈的质量下降。当然，也可以进行延时访谈，等课堂记录整理完毕，或者对收集到的其他信息分析完毕后，通过预约时间进行访谈。另外，访谈应该有充足的时间保证，一般应该有30分钟左右的时间，也可以根据实际情况进行适当延长。如果因为时间不够而匆匆结束访谈，就会大大影响访谈的效果。第二，访谈地点的选择。访谈的地点应该保持适当的安静，不受外界的干扰。一般不应该安排在人来人往的办公室中，同时也要尽可能避免电话的干扰。否则会分散谈话双方的注意力，给被评价者造成一定的心理压力，影响访谈的正常进行。第三，访谈的气氛。在访谈中，评价者应该注意营造一种和谐、轻松、愉快的气氛，以平等的态度对待被评价者，不能以领导或专家的身份自居，努力减轻被评价者可能产生的心理负担。第四，访谈的主题意识。访谈一定要围绕主题进行，在有限的时间内获得信息资料。当话题偏离主题时，评价者要适时加以引导，避免漫无边际的谈话。有条件的话，在访谈开始之前，可以先同被评价者共同商定本次评价访谈的议程。访谈法的关键取决于评价者本人的访谈技巧。同样的调查对象，由于评价者采用的访谈策略不同，可能会产生截然不同的效果。因此，评价者应该在实践中提高自己的访谈技能。

（三）随堂测验法

所谓随堂测验法，简单地说，就是在某个教学活动结束之后，评价者当堂可以随机地或选择性地选取若干的学生，运用书面或口头的方式，让这些学生来回答评价者有目的地设计的测验题。

随堂测验法的运用包含做一些策略性问题。例如，评价对象的选择、评价方式的选择、测验题目的编制、测验题目的类型以及测验数据的解读等。关于评价对象的选择，可以是选择性的，也可以是随机的，主要取决于评价者在进入教室之前确定的或在随堂听课过程中生成的主题的需要。关于评价方式的选择，即采用笔纸回答的方式，还是采用口头回答的方式，这要取决于评价者已经确定的主题。如果侧重于学生对数学知识掌握、数学技能形成以及问题解决的水平，可能采用笔纸回答方式更好些。如果侧重于学生对数学知识理解、数学学习体验以及数学情感和价值方面的问题，可能采用口头回答的方式更好些。关于测验题目的编制，通常可以在评价者进入课堂之前，依据需要获得信息的某一个主题，有计划地预设好，也可以根据评价者在进入课堂的学习过程中所生成的问题当场编制。一个重要的原则是，编制的题目要尽可能准确反映评价者想获得的有关主题的信息。关于测验题目的类型，大致有两类：一类是选择—反应式的，包括判断、选择、匹配等备选答案性质的题型；另一类是建构—反应式的，包括解释、简答、设计等问题解决性质的题型。关于测验数据的解读，一般有三种策略：一是评价者在获取信息后独立解读。二是评价者与当场执教的教师一起解读。三是评价者与被测试的学生一起解读。三种策略有不同的价值，选择哪一种策略主要取决于评价的基本目的。

随堂测验法的优点在于：①信息反馈及时。即能使评价者在第一时间掌握学生在数学知识习得与数学能力形成等方面的信息。②信息反馈全面。因为抽取的学生通常是不多的，有利于评价者对学生回答问题过程跟踪，所以不仅能获取结果的信息，还能获取过程的信息。③信息反馈突出重点。因为评价者的测验题目是评价者在确定了某个主题情况下有计划地预先设计的，或是在听课的过程中生成某个主题情况下有目的生成的，所以能集中反馈某一方面的问题。

运用随堂测验法需注意以下几个问题：①要尽可能在自然状态下进行，一方面使得获取的信息更有效，另一方面不增加学生的学习压力。②由于时间关系（通常在一个教学活动结束，下一个教学活动开始之前的10多分钟内完成），因而测验的题目数量要控制好，一般地说，1～3个问题足够。③数据解读的目的不是甄别学生的学业，而是为了诊断教学过程中存在的问题。

(四) 研讨解析法

所谓研讨解析法，也是一种参与式的教学评价方法，即被评价者与评价者通过对课堂活动过程或行为的研讨式的分析，获得基本的评价。这种方法有两个显著的特点：第一，活动是通过被评价者与评价者平等探讨与交流的方式进行的，这与传统的评价者"指点"，而被评价者"接受"的评课方式有着本质的区别。第二，通常有许多人共同参与评价活动，因而这是一个团队共同探讨感兴趣的主题活动。运用研讨解析法进行教学评价有如下一些价值：第一，通过研讨与解析活动，能有效促进教师的专业发展。第二，在评价过程中还能生成新的问题或新的认识。运用研讨解析法解析教学评价要注意这么几个问题：参与评价活动的所有成员都是平等的，没有专家或职务的权威；允许保留不同的想法或意见；活动要围绕某个主题进行；建立档案袋，做好记录，以便做进一步的研究。需要说明的是，在实际的课堂教学评价过程中，通常是将上述方法结合运用的，目的是使评价活动获取更为有效和准确的信息。

六、课堂教学评价的具体实施

(一) 收集评价信息

收集信息的范围和方法应限于评价方案确定的原则之内，获得评价对象的认可。收集信息主要通过以下几种途径进行。第一，说课。这里的说课是指对事前指定的听课进行说课。一要通过说课，了解评价对象对本课的安排是否体现素质教育要求和正确的教学指导思想，对教学目标、内容、方法、手段、步骤等的安排是否合理。二要由评价者对评价对象进行课前指导，以进一步修正和完善课前准备工作。第二，课堂听课。这是评价者在课堂教学评价时获取评价信息的重要途径。在课堂听课前，一定要熟悉课程标准和教材，熟悉教师的教案，确定听课的重点。听课重点的确定可以根据评价对象的意见来确定，也可以根据评价者的意见来确定。

例如，有的教师认为自己的课堂教学结构安排不够合理，不能很好地控制讲授时间和学生动手探究以及小组合作的时间，评价者就应该记录教师在各项教学活动中所用的时间。在听课后的反馈中，与该教师讨论哪些地方讲得不够，哪些地方过于拖沓，哪些是可以省掉的不必要的环节等。在听课过程中，要认真做好听课记录，记录教学过程的详细安排，教师的设问、讲解、演示、板书以及学生的应答、活动、参与的情况。记录教师收集信息、处理信息的方式，反馈的次数，各教学环节所用的时间以及评价者对听课的感受等。也就是说，要恰当运用课前准备的各种评价工具和方法，全面收集符合评价目标的数据，如通过问卷调查、测验、座谈、访谈等方法。听课结束后，还要及时了解学生的反应和教师的自我感受，特别是在诊断性评价中，可以在课后发放调查问卷让学生填写，也可以通过访谈、座谈的方式与学生交谈，了解他们对教师教学方法的意见，或者通过测验的方式，了解学生对所教内容的掌握程度。教师的自我评价，同样可以采用访谈或者问卷调查的方式进行。

(二) 进行评价面谈

进行评价面谈属于评价后的反馈阶段。评价信息搜集完毕后，要及时做出反馈，否则会降低评价者的威信和地位，也会给被评价者带来不安。与被评价者进行面谈，一般要求评价者根据听课记录以及其他方式搜集的资料，依据评价标准，对本节课教学中表现出的优势与不足进行初步评价，提出改进建议。面谈时要充分考虑被评价者的心理和接受能力，针对教师教龄、教学条件等提出中肯的评价。

(三) 撰写评价报告

在评价双方通过评价面谈达成初步共识的基础上，评价者要及时撰写评价报告。评价报告要力求言之有物，防止空洞抽象，只给出优秀、合格、不合格这种判决性的简单结论，或者"讲得比较熟练""符合素质教育的意图"等笼统的反馈意见，这样对被评价者没有任何帮助。评价报告一般包括两个部分：一个是评价面谈的讨论记录，另一个是新的课堂教学发展目标。

(四) 经常性的自评

教师根据共同商讨的评价意见和新的课堂教学发展目标，进行经常性的自评，不断完善自己的课堂教学活动。

(五) 中期检查

评价者与教师定期进行中期检查面谈，反省实现发展目标的过程、程度及存在的问题，分析问题的症结，提出进一步提高的办法，必要时调整发展目标实现的时间。检查面谈后，撰写一份双方认可的、简明的补充材料，反映出实现目标的过程。

第五节　教师课堂教学评价的优化对策

在学生核心素养培养的大背景下，重视学生综合素质的提升已成为共识。数学教学评价，就是要培养学生用数学的眼光观察世界、用数学的思维分析世界、用数学的语言表达世界。对此，教师要重视学生数学学科核心素养的培养，并借助评价的管理、激励、导向作用，把评价目光从考试分数的量化转向核心素养的培养，做到构建一个面——构建基于数学教学多元的评价，夯实一条线——夯实基于数学核心素养的评价，关注一个点——关注基于数学课堂教学的评价。

一、构建一个面——构建基于数学教学多元的评价

基于数学教学多元的评价，教师应该对每一位学生的数学学习过程进行全面综合的评价，为学生树立明确的多元奋斗目标。在构建数学教学多元评价的实践中，主要涉及数学教学评价依据多元、数学教学评价主体多元、数学教学评价反馈多元三个方面。

第一，数学教学评价依据多元。教师要依据学生学习数学知识的起点、能力结构及兴趣特长，制定全程、全面的包括课堂教学参与、交流、思维及达成等方面的过程性、表现性评价标准。第二，数学教学评价主体多元。数学教学的评价主体不应仅局限于教师，而是要多主体共同参与评价。例如在实际教学中，使评价主体由教师向学生、家长延伸，以学生自评、小组互评、亲子共评、教师总评的形式，多主体共同参与评价。就数学学科教学来看，学生自我评价以"我想对自己说：……"；学生互评以"我想对××同学说：……"；家长评价以"爸爸妈妈的话：……"；教师评价以"教师寄语：……"等形式呈现。这样的评价才能成为学生发展的助推剂，成为学生激励自我的一种手段。第三，数学教学评价反馈多元。数学教学评价反馈过程应形成"一条常规一小章，系列小章换大星，累积大星赢称号"的争章模式，教师要精心设计符合学生发展的多元化评价反馈方式。在数学教学评价中，教师应构建一个以"数学王子"为学科最高荣誉的过程评价体系，按日、周、月、学期四个等级组织学生进行争章。教师要尽量发现每一名学生在学习过程中的闪光点，并及时给予奖励，使每一名学生都树立学习的信心。学生每日把争章存入"争章存折"，每周争满章到教师处换得相应的"星"并计入"数学之星"争章卡。学校应细化"数学王子"评比的操作规程，强调发展性评价。教师根据学生得星数的多少开展每月"数学之星"评选活动，在班级内评选表彰，每学期期末学生根据"数学之星"的获得数参加学校最高荣誉"数学王子"的评选。这样按日得章—周得星—月评"数学之星"—学期评"数学王子"四个等级进行的评价，可充分调动学生学好数学的积极性。

二、夯实一条线——夯实基于数学核心素养的评价

学科核心素养是一个有机体，在数学教学中，教师要夯实基于数学核心素养的评价。而抽象、推理、模型是数学的基本思想，是指向数学学科的关键能力。数学学科的简洁、严谨则是指向人的必备品质。

第一，凝练核心素养，明晰价值导向。结合《中国学生核心素养》中的要求，我们把数学学科素养进行凝练及"校本化"表达，校本化表达为"四能"，即拥有良好的运算能力、动手操作能力、解决应用能力和综合创新能力。教师在教学中还应明晰价值导向，从学科自身特征和学生能力发展的关系上进行把握，把数学学科素养的"四能"评价内容分别表现在听、说、算、思、问、创、用、行八项技能具体指标上。具体要求表现为"听"：能认真倾听他人说话，注视对方，不打断他人说话，能听清说话内容；"说"：训练说话及表达，能用数学语言有条理地表达思维的过程，善于与他人交流自己的思想、观点，能准确地描述现实生活中的数学问题；"算"：掌握合理的算理与算法，进行正确的口算、笔算，运用估算分析问题、解决问题和验证；"思"：对教师提出的问题进行积极思考，能联系生活实际大胆地举手发言，条理清楚，敢于提出问题，对问题有独到的见解；"问"：在课堂上或生活中，对自己有疑问的数学问题能大胆质疑并发问；"创"：敏于观察、勇于创新，解决数学问题思路基本清晰，方法合理，能尝试独立、自主地解决问题；"用"：运用数学知识分析、解决简单的生活实际问题；"行"：积极参加讨论，善于与他人合作学习，动手操作实践能力强。依据这八项技能，教师根据学生每周课堂学习情况，给予其奖励。同时又要关注学生学习所需要的注意力、习惯等非智力因素的养成。既体现学科的共性要求，又体现学生的个性发展需要。

第二，细化评价指标，设计评价标准。在数学教学中，评价指标应围绕每一个关键素养，按低、中、高三个学段目标进行描述，从而让学科核心素养得以落实。评价内容主要根据常规习惯、学科素养和个性发展三项内容制定相应评价指标，如常规习惯针对学生在课堂学习的表现、习惯的养成等，每周评价一次并分发相应的奖章；学科素养按照数学的"四能"即计算能力、操作能力、应用能力和综合能力设立相应的运算星、操作星、推理星和创造星，每个星有相应的评价指标、评选方法。学科素养和个性发展每半学期评

比一次，并分发相应的奖章。总之，数学教学评价体系就是在核心素养理念的指引下，以数学学科核心素养评价为突破口，实施多元评价，做到构建一个面，夯实一条线，关注一个点，这样才能促进学生核心素养的发展。

结束语

《数学课堂教学的研究与探索》一书对数学课堂教学的基础理论、创新实践等进行了系统的论述。基于信息化时代，笔者认为，数学课堂教学应从以下几个方面做出努力。

第一，借助微课进行课前导入，激发学生数学学习兴趣。部分学生在学习数学知识时觉得枯燥无趣，他们对抽象的数学知识提不起学习兴趣，久而久之，就会产生厌学的情绪。对此，教师可以借助微课进行课前导入，利用微视频激发学生学习数学的兴趣，借助趣味性的微课导入视频吸引学生的注意力。教师在备课时可以借助网络资源为学生制作与课堂教学内容有关的短小、精悍且内容精彩的微课视频，并在课前导入环节引导学生观看学习，使学生在这种新颖的教学方式下快速进入学习状态，并掌握本堂课所需要学习的主要内容及重难点内容。

第二，创设信息化课堂教学情境，调动学生学习热情。要想使信息技术与数学课堂教学进行有效融合，就需要在教学中充分发挥信息技术的最大价值。图文处理作为信息技术中的重要功能，将其运用于数学教学中，能够动态化地为学生呈现静态的数学内容，进而使学生在动态的知识学习中激发探索欲望，调动学生的学习热情。教师需要加强研究信息技术在课堂上的使用方法及策略，借助信息技术手段为学生创设数学学习情境，使学生能够在教师生动、形象的数学讲解中激活思维，并快速跟上教师的引导节奏，在端正的数学学习态度中实现与数学知识的有效对接。借助信息技术为学生创设学习情境不仅能增添数学课堂的趣味性，还有助于学生成为课堂的主人，使学生养成良好的数学学习态度，促进教师提升数学教学效率及质量。

第三，收集互联网教学资源，丰富课堂教学内容。在以往传统的教学环境下，教师大多是以教材作为主要的材料开展教学的，但在教材这种单一的教学资源学习中，很难激发学生的知识学习兴趣，致使学生对课堂学习缺乏积极性与主动性。而合理收集并运用教学资源能够为学生打造一种有效的学习课堂。因此，为了能促进数学课堂教学的有效开展，教师可以在教学中充分运用互联网检索功能，通过在互联网中为学生收集教学资源，增加教学素材的丰富度。互联网是拥有海量资源的数据库，教师在教学备课环节中可以通过计算机访问互联网的方式获取与本节课教学有关的资源。在课堂教学过程中，通过教师合理运用课外教学资源，可为学生营造轻松的知识学习环境，有助于学生开阔数学学习视野。

第四，借助交互式电子白板，突破数学教学重难点。基础阶段的数学知识虽然难度不大，但是对于学生来说，要想完全掌握这些数学知识需要经历一个较长的过程，并且由于学生思维能力较弱，在刚接触数学中的一些动态化知识时会遇到难以理解的情况。因此，教师可以充分运用交互式电子白板中的动态样式功能，使学生能够直观、形象地学习一些抽象的数学知识。交互式电子白板在数学课堂中的运用，能够使学生了解事物的发展过程，在揭示事物变化的过程中发掘其中的规律。不仅如此，通过交互式电子白板直观化的动态样式，学生能够归纳整合一些零碎的数学知识点，有助于学生了解不同知识点之间存在的区别与联系，使学生能够学习数学知识中的重难点内容，最终构建一套完整且系统化的数学知识体系。

第五，运用信息技术，营造师生互动环境。教学课堂上有效的师生互动不仅能够活跃课堂教学氛围，还能够提升教师课堂教学效率。教师通过与学生进行互动交流，能够及时了解学生的学习情况，并结合学生学习情况调整教学计划，帮助学生完成对知识的查漏补缺。在传统的数学教学课堂中，只能通过课堂提问的方式进行师生互动，然而在有限的教学时间内，无法保证教师与学生间互动的效率与质量。而在信息化背景下，教师可以在数学课堂中有效运用信息技术，为学生开展趣味性的数学知识测试，使全体学生在参与信息化的数学测试过程中加强学习与巩固数学知识。

参考文献

[1] 东洪平．数学教学与研究 [M]．兰州：兰州大学出版社，2020．

[2] 范志勇．数学教学能力提升与策略研究 [M]．长春：吉林人民出版社，2022．

[3] 李中杰．数学教学实践多视角研究 [M]．长春：吉林人民出版社，2022．

[4] 孙兆辉．乐学数学教学改革行动研究 [M]．长春：吉林人民出版社，2022．

[5] 汤强，高明．实践取向的小学数学教学研究 [M]．成都：西南交通大学出版社，2021．

[6] 赵瑾．基于课程标准的小学数学教学设计指南 [M]．长春：吉林人民出版社，2020．

[7] 梁北招．"爱种子"模式下数学教学范式的构建与实践 [M]．广州：中山大学出版社，2022．

[8] 刘静娴，姚畅．指向核心素养的小学数学教学探索与实践 [M]．长春：吉林教育出版社，2021．

[9] 沈派英．且行且思小学数学教学实践研究 [M]．北京：现代出版社，2021．

[10] 刘旺，陈素丽．小学数学教学一本通数学关键能力提升教学策略 [M]．成都：电子科技大学出版社，2021．

[11] 郭瑞敏．数学教学设计 [M]．北京：首都师范大学出版社，2023．

[12] 李敏．小学数学教学理论与实践 [M]．湘潭：湘潭大学出版社，2023．

[13] 邵瑞青．小学数学教学设计理论与实践 [M]．长春：吉林出版集团股份有限公司，2023．

[14] 许福兰．新课标背景下小学数学教学改革思路 [M]．北京：中国言

实出版社，2023.

[15] 汪永贞.小学数学深度教学思考与实践 [M].芜湖：安徽师范大学出版社，2023.

[16] 王国强.小学课堂教学的创新方法与技术研究 [M].北京：中国纺织出版社，2023.

[17] 邝儒军.数学教学方法创新与研究 [M].长春：吉林人民出版社，2022.

[18] 黄敏.数学有效教学策略研究 [M].长春：吉林人民出版社，2022.

[19] 王西梅.基于核心素养下的数学课堂教学研究 [M].长春：吉林人民出版社，2022.

[20] 郭忠勤，丛丽敏，范安东.数学课堂情境教学模式的构建研究 [M].长春：吉林人民出版社，2022.

[21] 胡秀云，陈丽英，丘珊莲.小学数学智慧教学 [M].长春：吉林人民出版社，2022.

[22] 郭力丹.小学数学情境教学研究 [M].福州：福建教育出版社，2022.

[23] 曹文倩.指向合情推理能力培养的小学数学问题串教学行动研究 [D].伊犁师范大学，2023.

[24] 高文佳.小学数学"比"单元教学中类比推理能力培养的实验研究 [D].聊城大学，2022.

[25] 郭靖文.小学在数学概念教学中培养学生高阶思维能力的研究 [D].集美大学，2022.

[26] 赵菊红.基于学科核心素养的小学数学教学情境创设研究 [D].四川师范大学，2021.

[27] 刘会容.小学数学概念教学中培养学生批判性思维能力的策略研究 [D].西南大学，2020.

[28] 郭恬梦.小学数学课堂教学中师生互动的有效性研究 [J].甘肃教育研究，2023(01)：51-53.

[29] 崔红英.信息技术环境下的小学数学分层教学策略探究 [J].数据，2023(01)：223-224.

[30] 陈侨华.小学数学教学中微课设计与应用探究 [J].亚太教育，2022（21）：161-164.

[31] 桂丽娟.自主探究模式在小学数学教学中的应用研究 [J].亚太教育，2022（10）：115-117.

[32] 高娜.小学数学教学重在培养学生问题意识 [J].河南教育（教师教育），2021（08）：88-89.

[33] 李佳栋.基于小组合作的小学数学分层教学研究 [J].科学咨询（科技·管理），2020（09）：261.

[34] 张创平.核心素养背景下小学数学分层教学探究 [J].科学咨询（科技·管理），2020（09）：288.

[35] 刘海萍.挖掘教材价值培育数学思维之花——小学数学教学中学生数学思维能力培养的策略 [J].华夏教师，2020（19）：20-21.